复杂项目群战略管理规范化实施指南

Realizing Strategy Through Projects

The Executive's Guide

[南非] 卡尔·马内维克（Carl Marnewick） 著
何 英 译

国防工业出版社
·北京·

著作权合同登记　图字：01-2024-6590号

图书在版编目（CIP）数据

复杂项目群战略管理规范化实施指南 /（南非）卡尔·马内维克（Carl Marnewick）著；何英译. -- 北京：国防工业出版社，2025. -- ISBN 978-7-118-13710-1

Ⅰ. F224.5-62

中国国家版本馆CIP数据核字第20255XB959号

Realizing Strategy through Projects：The Executive's Guide 1st Edition/by Marnewick，Carl/
ISBN：9781032096056

※

国防工業出版社 出版发行

（北京市海淀区紫竹院南路23号　邮政编码100048）

北京虎彩文化传播有限公司印刷

新华书店经售

*

开本 710×1000　1/16　**印张** 10¾　**字数** 230千字

2025年5月第1版第1次印刷　**印数** 1—1500册　**定价** 128.00元

（本书如有印装错误，我社负责调换）

国防书店：（010）88540777　书店传真：（010）88540776

发行业务：（010）88540717　发行传真：（010）88540762

译 者 序

众所周知，规划、计划和项目作为组织战略规划执行的载体，其成功实施直接影响组织的生存与发展。从管理的角度而言，规划管理、计划管理和项目管理衔接战略规划与实际行动，构成了战略目标达成的完整链条。近年来，各领域战略执行的最佳实践表明，标准化规范化的管理模式对战略蓝图转化为实际目标至关重要。标准化规范化管理的价值不仅体现在确保产品、服务、流程控制、资源调控等的规范统一，更体现在其所构建的全局视角下的管理体系和闭环反馈机制，推动着规划中的每个项目都聚焦战略方向，赋能组织有效整合资源、精准把控进度、达成跨域协作，为组织在复杂多变的环境中保持战略行动的一致性和高效性提供支撑。

《复杂项目群战略管理规范化实施指南》探讨了标准化规范化开展规划管理、计划管理和项目管理的价值及其背后逻辑，为各类组织提升战略竞争力提供了方法论和操作指南。本书从组织领导者视角深入剖析了规划管理、计划管理和项目管理在战略执行中的共生互动关系，强调了高管在识别战略重点、优化资源配置、协调跨部门协作以及监督项目进度等方面应发挥的领导作用，并倡导构建以项目为中心的组织战略管理文化。本书为读者提供了一套严谨而实用的战略实现管理框架，可供各类组织参考使用，用于完善自身管理体系，在动态多变的竞争格局中持续保持竞争优势。本书适于处在组织决策核心、肩负战略制定与执行重任的各级领导和高管阅读，相关理念和经验可供借鉴，助力进一步发挥岗位优势，推动组织在战略愿景的实际落地方面取得突破。同时，本书也适于关注战略与项目管理深度融合的学者和研究人员阅读参考，为学术研究和探索提供有益启发。

在本书的翻译过程中，译者尽力保持原著的准确性和完整性，并结合中文阅读习惯及国内实践参考需要，力求使译文既忠实于原著，又易于理解。由于能力水平有限，难免存在不妥之处，敬请读者批评指正。

译者

2024 年 3 月

致　谢

感谢金格·莱文博士，莱文博士让我坚信本书的价值。

感谢我所有的同事以及行业和研究合作伙伴，他们对规划、计划和项目管理领域的各种现象有着深刻见解。

感谢马吉·波拉克（德里菲尔德出版服务公司），她承担了本书的编辑、校对和排版工作。本书较高的编校质量完全归功于她。

前　言

本书的主要目标读者是当前和未来的组织领导者和高管们，旨在帮助他们更全面地了解项目管理的作用与重要性。

本书专注于探讨项目管理对组织的价值和益处。最终目标是让领导者了解如何通过项目管理实现组织战略。项目管理作为一整套实践准则并非孤立存在的。应该从项目管理在资源配置、计划执行和更大范围组织管理等方面发挥的作用来认识其价值。项目管理实践准则中有很多要素更侧重于从业务的角度，而不是局限于纯项目管理的角度，来实施有效的管理。

目前已出版的项目管理方面的书籍，要么深入探讨项目管理原则，要么讨论项目管理的具体方面。而本书的不同之处在于，从管理执行层面提供了对项目管理整体架构的全景视图。这一视图有助于让组织的项目管理更好地服务战略执行。

本书从领导者和高管的角度全面介绍了项目管理。书中关注的不仅是领导者和高管需要做些什么，还包括如何通过他们的努力来更好地推动项目执行。本书首先讨论了项目管理的价值，重点分析了价值驱动的项目管理及其基本原理。而后，讨论了项目管理的战略推动作用。在规划（portfolio）、计划（programme）和项目（project）管理这三个不同层级的概念中，项目管理处于最基础的层面。为了帮助读者理解这三个概念之间的相互关系，本书对计划和规划管理进行了详细的讨论。相关概念是从组织领导者的角度来阐述的。另外，本书还介绍了项目管理办公室这一组织机构的作用，主要涉及如何促进项目、计划和规划的成功交付。

本书从项目管理的角度介绍了收益实现管理和可持续性的概念。项目最终交付的是服务或产品，收益实现管理的重点在于确定如何为组织获取和维持服务或产品所带来的相关利益。可持续性是当前非常重要的话题，如何将可持续发展融入项目管理中，在书中也进行了分析。可持续发展主要依靠以人为本、保护地球、盈利创收来实现，即常说的“三重底线”。

在当今的业务环境中，治理尤其是项目治理在各类组织中扮演着至关重要的角色，这可以从近年来频发的企业丑闻中得到印证。因此，本书特别关注了项目管理领域的治理问题，深入讨论了治理机制、单个项目治理和项目群治理等问题。此外，本书探讨了执行责任人的作用，以及执行责任人如何为项目、项目管理和整个组织的成功做出贡献。

关于作者

卡尔·马内维克（Carl Marnewick）博士是南非约翰内斯堡大学的教授。他曾经担任信息技术（IT）项目主管，后来转向该领域学术研究。这次职业转变使他有机会深入研究信息技术/信息系统（IT/IS）相关项目为何没能如预期那样成功，以及为何没能实现预期的收益。当今世界的一个普遍性问题是，宝贵的资源被浪费在那些无法为组织的战略目标增值的项目和方案上。

全球各地的业务组织普遍会遇到理论和实践脱节的问题，这也是全球通病，而卡尔恰恰是解决这个问题的理想人选，因为他在这些组织内部进行的实际研究能够弥合这一差距。他的研究重点是项目与组织愿景的战略一致性这一总体概念。这种一致性形成于项目伊始，并一直持续到收益实现。

卡尔开发了一个项目远景框架（V2P）——确保组织内的项目与组织的愿景相关联。在该框架中，研究的初衷是通过实施IT/IS系统实现组织收益。收益实现是复杂系统的一部分，到目前为止，卡尔的研究确定了影响收益实现的以下问题：①IT项目的成功率以及IT项目管理的成熟度水平在过去十年间并未得到改善，且这些成果与类似的国际研究一致；②IT项目主管未必遵循最佳实践和行业标准；③治理和审计结构尚未完善；④IT项目主管培训和所需技能缺乏整合。通过研究和实践来解决这4个问题，有助于实现组织收益。

卡尔的研究使他在国内外获得了广泛的认可。他积极参与了最新的国际项目管理标准的制定，即ISO 21500和ISO 21503（规划管理）以及PMI的项目管理标准（第四版）。南非项目管理协会（PMSA）授予他卓越研究奖，以表彰他在规划、计划和项目管理方面的研究为国内外知识体系做出的积极贡献。

卡尔目前担任信息技术项目管理知识与智慧研究团队的负责人。该团队专注于IT项目管理方面的研究，包括治理、审计与保证、复杂性、IT项目成功、收益管理、可持续性和敏捷项目管理等研究方向。

目　　录

第1章　导　　言

勇于开始，敢于冒险，才能收获智慧。

——Horace①

任何组织的高管都有责任和义务确保该组织的成功。成功可以通过许多不同的方式来衡量，如利润或市场份额。当愿景和组织战略得到实施并获得实现时，就达到了最终的成功。实现这一目标有许多不同的方式方法，其中之一是项目管理（PM）。

问题随之而来——高管是否只需要了解如何使用项目管理这个工具，是否有必要了解其背后的机理。高管不一定需要了解项目管理的复杂性，但他们应该了解项目管理作为一个专业领域，在实施战略和实现愿景方面如何使组织受益。为了有效发挥项目管理的作用，高管必须对这一领域有扎实的理解。本书旨在为高管提供项目管理领域的宏观概念，而不是解释如何具体管理项目，因为这方面的书已经有很多了。相反，本书重点是强调项目管理对组织的好处。最终目标是让高管对项目管理如何助力实现组织战略有整体认知。各章节侧重于研究项目管理的具体措施，以及如何从业务角度而不是仅从项目管理角度来对这些事项进行管理。

本书从管理和领导的角度全面覆盖了项目管理的各个领域。其重点不是从项目管理角度探讨必须做哪些事情，而是启发组织和高管可以采取哪些措施，以使项目的推进更为顺畅。

第一部分包含两个主题。第一个主题是项目管理对整个组织的价值（第2章），重点在于价值驱动的项目管理及其基本原理。第二个主题是项目管理作为战略助推器所发挥的作用（第3章）。

第二部分专注于项目管理本身，并从管理的角度对项目管理进行了分析。首先介绍了规划管理（第4章）及其所包含的各个方面。然后进一步探讨了计划管理（第5章）和项目管理（第6章），以及这几类工作如何为组织的整

① 引自 https://www.brainyquote.com/quotes/quotes/h/horace152482.html。

体成功做出贡献。这些内容都是从领导的角度出发进行分析的。最后介绍的是项目管理办公室的作用（第 7 章），其作为组织的一个专门机构，可以促进项目、计划和规划的成功交付。

第三部分聚焦于收益管理（第 8 章）和可持续性（第 9 章）。其重点是项目可交付成果为组织带来的利益，以及组织的最终可持续性。此外，这一部分还讨论了项目内部的可持续性。

第四部分专注于项目管理领域的治理（第 10 章）。其重点是项目、计划和规划应遵守的基于组织内在特性的治理原则，以及应遵守的外部规则，如法律法规。同时，执行责任人的作用也作为治理领域的一个专题进行了讨论（第 11 章）。

本书的布局遵循一条逻辑主线，即从审视项目管理的价值开始，最后落脚于高管或组织领导者作为项目责任人应该发挥的作用。读者可以选择从头到尾阅读这本书，也可以单独阅读每个章节。这完全取决于读者的需求。

第 2 章的重点是项目管理的价值，也回答了组织领导者为什么要在项目管理上下功夫。本章介绍了可用于衡量项目管理价值的三个要素，即项目管理、组织形态和价值背景。本章还简要讨论了项目成功率，认为在项目失败率较高的时候，组织无法实现其价值。本章结尾探讨了高管如何为实现项目管理的价值做贡献。

第 3 章介绍计划和项目的战略一致性概念。本章提出所有计划和项目都应该与组织的愿景和战略保持一致。提供了一个参考框架，组织领导者可以使用该框架从愿景和战略中推导出计划和项目。本章最后指出，高管可以采取多种行动来确保项目和计划的战略一致性。

第 4 章介绍了规划管理的概念。本章讨论了现有规划管理的标准，并解释了规划管理的过程。本章随后阐述了如何成功进行规划管理，以及规划主管的作用。和前面几章一样，本章最后强调了高管在规划管理中的作用。

第 5 章重点讨论计划管理。本章详细探讨了计划管理的概念、计划存在的合理性，以及计划与大型项目的区别。两者需要不同的技能，因此需要区分对待。本章的布局和前一章的规划管理类似，首先提供了一个框架，在此基础上讨论了现有的管理标准。本章随后讨论了计划主管的作用，并简要探讨了计划管理成功的要素。本章最后强调了高管在计划管理中的作用。

第 6 章则聚焦于项目管理，介绍了项目管理的生命周期和流程组。本章讨论了三项标准和一种方法。6.4 节讨论了项目主管应掌握的能力。重点是各种能力模型以及一个称职的项目主管如何才能对项目的成功产生积极影响。接下来，本章介绍了项目管理成熟度，并阐述了项目管理作为一套行事规则在其成熟时对组织的益处。最后，本章基于持续改进的理念，讨论了项目管理成功的内涵。

第 7 章介绍了项目管理办公室（PMO）。项目管理办公室的作用应根据其要执行的 5 项活动来理解。项目管理办公室的作用取决于其自身的成熟度，本章通过介绍 5 个成熟度阶段来阐释项目管理办公室的作用。7.4 节详细讨论了用于确保计划和项目成功的指标，以及项目管理办公室应如何设定和测量这些指标。此外，本章还讨论了项目管理办公室面临的各种挑战，并重点探讨了高管在项目管理办公室取得成功方面的作用。

第 8 章介绍了收益实现管理的概念。项目的实施是为了产生收益，本章讨论了收益实现的过程。高管和项目主管在确保获得最佳利益方面都发挥着特定的作用。通过拆解，分析了高管在收益实现过程中的作用。接下来，本章讨论了收益评估和构成收益的要素，这些信息用于创建收益生成网络。这个网络用于在整个生命周期中管理收益。最后，本章讨论了收益实现管理的成熟度和高管在收益实现中的作用。

第 9 章讨论了可持续性这一重要概念。可持续性已成为当下的热门话题，高管需要了解如何将项目管理与可持续性相结合。可持续性可以从三个维度进行探讨：人员、环境和利润。重点在于如何将这些维度引入项目的日常管理，并为组织的可持续发展做出贡献。本章提供了一个项目管理可持续性模型，管理人员可以使用该模型将可持续性纳入项目管理。

第 10 章探讨了治理的重要概念。与之相关有三个概念：项目治理、项目群治理和治理方式。本章进一步阐述了项目治理与项目成功之间的积极关系，并重点关注了不同的角色和责任。项目治理框架能够提供对不同领域和功能的深入了解。此外，本章还关注项目的审计以及在整个项目生命周期中进行持续审计的重要作用。

第 11 章将焦点转向执行责任人，以及他们作为项目和计划责任人的作用。本章关注执行责任人的特点及其应履行的职责。同时，本章提到了执行责任人面临的挑战，以及如何赋予他们权力以发挥重要作用。

第 12 章给出了一个综合的规划、计划和项目管理框架。该框架将所有概念整合在一起，并展示了本书所讨论的各个概念之间的关系。这个框架强调了每个概念对其他概念的影响，并强调为了实现项目管理的价值，需要具有全局视角。

第 2 章　项目管理的价值

价格是你所付出的。价值是你所得到的。

——美国投资家沃伦·巴菲特①

只有组织领导者认为能从特定投资中获得价值，他们才会进行投资，这无关组织的类型或投资的类型。对于重视项目管理（PM）方面建设的组织，项目管理应能够为其带来回报。因此，引发以下问题：项目管理是否能为组织创造价值？换句话说，如果没有项目管理，那么组织领导者是否还能正常开展他们的日常工作，并取得良好的业绩？

在展开关于“价值”概念的讨论之前，应首先了解“价值”的含义，更重要的是，它意味着什么。《牛津英语词典》（ODE）（Stevenson，2010）中定义，“价值”既可以是名词，也可以是动词。当“价值”作为名词时，用在项目管理中，可以根据《牛津英语词典》得出以下解释：

（1）项目管理对于组织来说必须是值得的，或者必须是组织渴望得到的。

（2）组织应该能够在公开市场上通过项目管理来获取资金或其他有价值的商品。

（3）项目管理应该能够在组织内部发挥与其他具有相似价值的活动或资源相同的作用，或者完全取代它们。

（4）项目管理应该被认为是值得花钱的活动。

（5）项目管理应该能够实现某种目的或产生某种效果。

从上述解释来看，项目管理承担起了实现组织对“价值”的追求这一责任。首先，组织在项目管理上投入了资金和其他资源，这决定了项目管理具有财务价值。其次，作为回报，组织期望项目管理能够成为一项可靠的投资，带来有形的（如金融资产、销售收入）或无形的利益。再次，组织还期望项目管理在组织内部产生积极影响。例如，改进战略目标调整或风险管理（风险既是威胁也是机遇）等流程。

① 引自 https://www.brainyquote.com/quotes/quotes/w/warrenbuff149692.html。

2.1　价值构成模型

自从项目管理的概念出现以来，高管们对项目管理价值的质疑之声就没有间断过。Kwak 和 Ibbs（2000）在其研究成果中提到，项目主管们很难让高管理解在项目管理上的投入所带来的财务和组织两个方面的利益。项目管理的价值饱受争议，促使项目管理协会（PMI）在这方面进行深入研究。该项研究由 Janice Thomas 和 Mark Mullaly 主持。

Thomas 和 Mullaly（2008）提出了一个概念模型，用于确定项目管理的价值。如图 2-1 所示，该概念模型由多个组成部分构成，突出了与项目管理价值相关的复杂性。

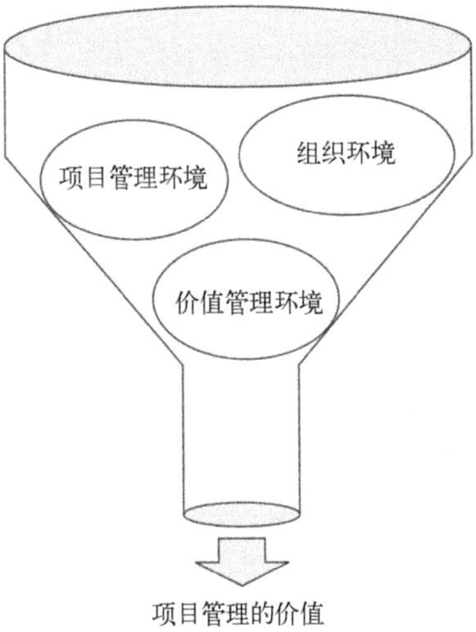

图 2-1　确定项目管理价值的概念模型
（Thomas 和 Mullaly，2008）

概念模型组成部分介绍如下。

（1）组织环境：这是组织运作的环境，它对组织从项目管理中获得的价值有影响。需要考虑的方面包括组织的文化、经济环境、战略焦点以及人力资源特征等。

（2）项目管理环境：影响此组成部分的因素包括组织实施项目管理的历史、支持项目管理的现有资源条件和组织结构，以及项目主管自身的能力素质等。

（3）价值管理环境：通过识别相关因素，从而对满意度、业务流程一致性、项目成功以及投资回报率（ROI）进行量化测量。

显然，项目管理的价值比人们想象的要复杂得多，下面将更详细地讨论这三个组成部分。

2.1.1 组织环境

组织从项目管理投入中获取的价值，直接取决于项目管理实施与组织内部项目管理环境之间的契合度（Crawford 和 Helm，2009）。只有组织接受并认同项目管理的理念，项目管理才能切实为组织提供价值。如果组织自身认为项目管理是在浪费时间和精力，那么实施项目管理是不会有用的。这意味着高管必须在组织内部创造一种文化，即把项目管理作为一个专项领域加以珍视和推崇。同样，Mengel、Cowan-Sahadath 和 Follert（2009）认为，当项目管理得到组织的支持时，它就会对组织文化以及整个组织更广范围的文化建设做出贡献。因此，这是一个双向的过程，项目管理从组织支持中获益，并反过来又创造了一种组织文化，促进项目管理的理念得到认可、培育和加强。

组织环境的一个重要因素是该组织是公营还是私营。Crawford 和 Helm（2009）在他们的研究中发现，即使是公共机构或实体，也可以通过正确使用项目管理产生价值。他们的研究结果强调，项目管理可以为政府机构实施监管提供所需的程序和文件。这与高层领导在项目发起中发挥的作用有关。政府部门通过采用项目管理所获得的价值，主要体现为服务改进和用户满意度提高（Crawford 和 Helm，2009）。

组织和高管应该提供一个有利于项目管理和项目主管施展能力的环境。组织环境使项目主管能够发挥作用，但这依赖于更大范围组织环境中的项目管理环境。

2.1.2 项目管理环境

尽管组织环境发挥着至关重要的支持作用，但项目管理运行所处的环境同样重要。在这个环境中，发挥作用的是组织结构，例如：项目管理办公室（PMO）；组织遵循的标准和最佳实践；规划、计划和项目（P3）主管的能力和资质。

遵循标准或最佳实践的好处之一是，它使组织能够实施标准化流程。这些标准化流程使组织释放与标准化相关的固有价值。因此，持续和可预测地交付成果的能力得到改善（Crawford 和 Helm，2009）。这只有在规划、计划和项目主管遵守这些标准，不偏离或忽略某些流程的情况下才可能实现。尽可能严格地遵守这些标准，是很重要的。根据 Kwak 和 Ibbs（2000）的观点，规划、计划和项目主管在组织内面临的一项挑战是在各自管辖范围内践行项目管理的最佳实践和流程。他们必须向组织证明，通过遵循这些标准和最佳实践，组织在项目管理上的投入能够获得价值。Patah 和 de Carvalho（2007）的研究发现，实施项目管理的组织领导者发现营业利润率提高了 9.08%，利润平均提高 450 万美元，总共提高 2230 万美元。Mengel 等（2009）支持这一观点，因为他们的研究也发现，项目管理的价值与利益相关方对项目管理和项目管理执行情况的满意度直接相关。

标准和最佳实践只能在一定程度上影响项目管理的价值。这些标准和最佳实践需要由称职的规划、计划和项目主管来实施。组织应尽可能让所属的规划、计划和项目主管都通过相关认证，以提高他们的能力水平。通过项目的实际实施，其能力水平也将得到提高。这意味着高管必须创建一个有利于项目管理的组织环境。PMI《行业脉搏》的研究发现，把规划、计划和项目管理的思维模式融入组织文化中，可以改善绩效并加强竞争优势（PMI，2015）。

将规划、计划和项目管理融入组织的一种有效途径就是建立项目管理办公室。项目管理办公室的职能包括：①关注确保项目的一致性和统一性；②推动组织在项目管理方面的持续改进；③关注提高整个组织的项目管理能力；④关注知识管理；⑤减少项目超支；⑥提高项目交付速度；⑦提高客户满意度。Aubry、Hobbs 和 Thuillier（2009）提出，项目管理办公室不应被视为组织中的一个孤岛，而应被视为整个组织密不可分的一部分。他们还建议，项目管理本身以及特别是项目管理办公室应该不断发展。项目管理办公室应适应其外部环境或内部环境的变化，或作为回应内部压力的手段。第 7 章将详细讨论项目管理办公室。

2.1.3　价值管理环境

价值管理环境关注的是项目管理过程的满意度、业务流程与项目管理流程的一致性以及项目成功等软问题。为了让高管看到项目管理的价值，所有这些都需要进行量化评估。可惜的是，组织是基于财务指标进行管理和运营的，因此一切都需要根据盈亏来衡量。这使得情况变得非常困难，因为如何确定流程一致性的货币价值呢？归根结底，最终驱动力是项目管理带来的好处，而不是相关成本（Crawford 和 Helm，2009）。

Crawford 和 Helm（2009）给出的价值管理环境概念是，项目管理有利于提升员工士气和满意度。其原因可以归结于多种因素，包括：①改善客户关系；②缩短开发时间；③提高质量和可靠性；④提高生产力。即使在项目管理标准和方法论过于耗时和官僚化的背景下，也能提高员工士气和满意度（Crawford 和 Helm，2009）。

项目管理也有助于提升与治理有关的责任感和透明度。这种价值来源于向各种利益相关方提供佐证。这些佐证包括合规性、风险管理、变更管理、组织文化的改善以及总体绩效的改善等（Crawford 和 Helm，2009；Mengel 等，2009）。正如项目管理环境指出的，遵守标准是价值交付的一个重要方面。遵守标准在组织的监督和审计方面为组织提供了额外的价值。可以根据标准对项目主管和项目管理过程进行审查，发现偏差并进行纠正。

综上，在组织环境、项目管理环境和价值管理环境这三个方面，组织应该并且能够从对项目管理的投入中获得价值。可能有些组织从某一方面获得的价值会比从另一方面获得的价值更多。项目管理的价值不能简单地平均分为三个部分。这种价值实际上取决于组织本身，以及目前对于从项目管理投入中创造价值的关注点在哪里。

接下来将简要讨论关于项目成功的问题。目的不是对什么是项目成功进行哲学辩论。而是提供关于项目成功相关案例的一些统计数字，分析在项目交付延迟和成本增加的情况发生时，组织是否仍然可以认为其项目管理有意义。

2.2 项目成功率

全球很多研究者和机构都研究过项目成功的问题。相关研究主要关注项目成功的构成因素以及这一概念的含义。同时，这些研究还关注于组织和个体对于项目成功的看法。换句话说，他们的项目最终有多成功。

2.2.1 项目成功的定义

重要的是，项目成功的概念既要定义为一般概念，又要具体到特定行业中的某个组织。但是，目前的文献对于项目成功的定义仍然模糊不清。项目管理协会将项目成功定义为产品和项目质量、时效性、预算符合性以及客户满意度。根据日本 P2M 的说法，“一个项目的成功完成，是指其产品或服务具有新颖性、独特性和创新性”（Ohara，2005）。APM 知识体系则以类似的方式定义项目成功，指出项目必须满足项目利益相关方的需求，这一需求通过项目开始时确定的成功标准来衡量（Association for Project Management，2006）。PRINCE2®虽然没有明确定义项目成功，但指出需要实现项目的目标（OGC，2009）。表 2-1 提供了各种标准和方法论提出的项目成功通用标准。

表 2-1　项目成功标准

项目成功标准	标准或方法
改革	日本项目管理协会：P2M
质量	项目管理协会：PMBOK
时效性	项目管理协会：PMBOK
预算符合性	项目管理协会：PMBOK
客户满意度	项目管理协会：PMBOK APM：APM 知识机构
目标	OGC：PRONCE2®
新颖性	日本项目管理协会：P2M
区别	日本项目管理协会：P2M

为了全面了解项目成功的内涵，Hyväri（2006）提出必须确定关键成功因素（CSF）。如果这些关键成功因素能够做到位，那么项目成功就水到渠成。Hyväri（2006）提出了 5 个关键成功因素，每个因素都有子因素。这些关键成功因素从项目本身（规模和最终用户承诺）到环境（竞争者、自然环境和社会环境）都有涉及。如果公司和项目主管关注这些关键的成功因素，那么项目成功才能够得到保证。

项目及其后续的产品和/或服务不能孤立地看待。根据 Bannerman（2008）的说法，项目的成功可以在五个层面上衡量：①过程；②项目管理；③产品；④业务；⑤战略。一个项目可能推迟交付产品或服务并超出预算，但它仍然符合组织战略。那么，这个项目是失败还是成功呢？Thomas 和 Fernandez（2008）也支持这种多层次的观点，他们关注的不是 5 个层面，而是 3 个层面——项目管理、技术和业务。

Ika（2009）研究了项目成功的概念，其研究成果从仅根据项目的时间、成本和质量来衡量项目，转向了一种更全面的方法，不仅包括原始的铁三角（时间、成本和质量），还侧重于为利益相关方和整个组织带来利益。文献综述表明，有许多方法可以用来衡量项目成功。

2.2.2　项目成功率

《混沌编年史》（*Chaos Chronicles*）和《繁荣报告》（*Prosperus Reports*）以及一次性研究等各种追踪研究都表明，在项目成功交付方面，情况并不乐观。

有关项目成功的最重要研究之一是 Standish 小组的成果。他们近二十年来一直在围绕项目成功开展研究，并发布名为《混沌编年史》的研究报告（Eveleens 和 Verhoef，2010；Standish 小组，2013、2014）。这些报告侧重于信息技术（IT）领域，涵盖美国和欧洲的 IT 项目。2011 年以来的这些研究成果如图 2-2 所示。

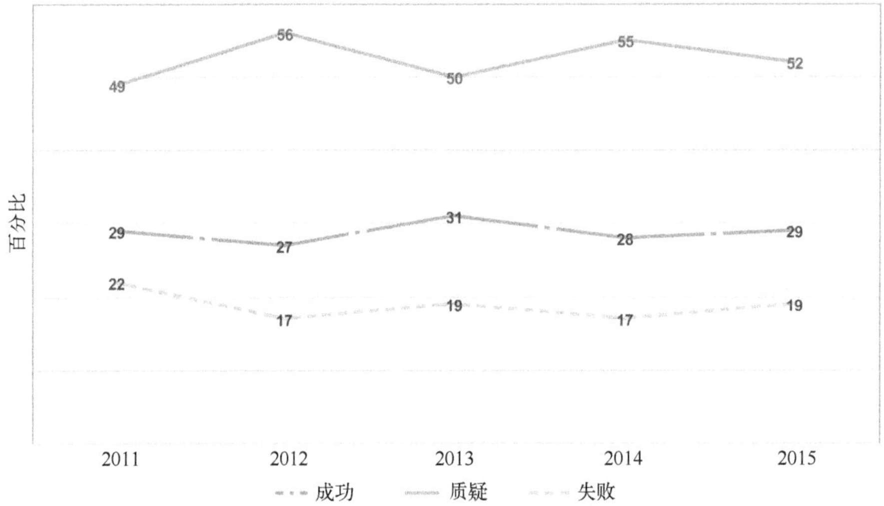

图 2-2　项目成功情况（2011—2015 年）

这些研究成果表明了两个重要观点：①许多 IT 项目并不成功。平均而言，只有 30%的项目是成功的，而近 20%的 IT 项目被认为是失败的。②成功率停滞不前，就项目成功而言没有任何改善。

即使在南非，IT 项目成功率相关情况也不太好，如图 2-3 所示。南非约翰内斯堡大学定期进行的追踪研究表明，IT 项目的成功率与《混沌编年史》的结果相差不多（Labuschagne 和 Marnewick，2009；Marnewick，2013；Sonnekus 和 Labuschagne，2003）。

与此同时，南非 IT 项目的成功率明显停滞不前，没有改善。IT 项目不断失败，这最终引发了一个问题：当涉及投资 IT 项目时，高管们是否真地获得了价值？

人们总是认为，IT 项目会延期、超出预算、不能给组织带来价值。对南非建筑和工程项目的类似研究给出了稍好的结论，但即使在这一行业中，项目是否带来价值也是个问题。图 2-4 表明，近 50%的建筑和工程项目是成功的，但仍有一半的项目失败或者受到质疑。

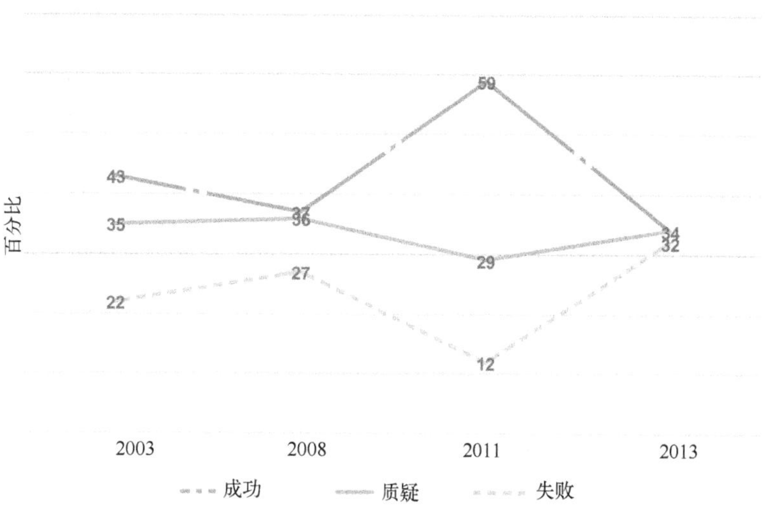

图 2-3　南非 IT 项目绩效率

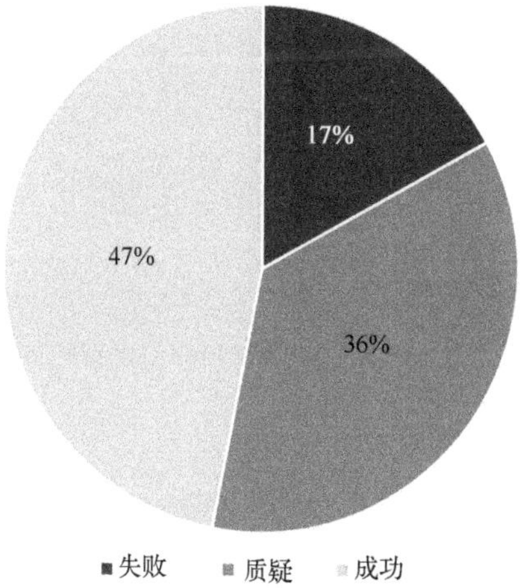

图 2-4　南非建筑和工程项目绩效率（2011 年）

这些统计数据反映了一个令人担忧的事实情况，高管确实有权询问项目管理本身是否是实施战略规划的正确工具。与之相反的观点则涉及是否有其他流程或管理工具可以替代项目管理。

答案在于 Zhai，Xin 和 Cheng（2009）所理解的“价值”。他们将价值分为两个概念：项目的价值和项目管理的价值。项目的价值有两个主要特征：①项目的多维性；②项目内部的动态性。项目管理本身的目的是实现项目的价值。项目管理的价值包括两个维度（Zhai 等，2009）：①项目管理通过把资源转化为项目输出，实现了项目的价值；②项目管理的价值包括所有利益相关方感知到的价值总和，包括节约成本、提高绩效和其他利益等方面，这些利益都是通过项目价值的实现过程而获得的。在 Chalale 所做的另一项研究中，他发现商业项目平均超出预算 131%，这些项目的完成时间平均比预计的长 71%。在这些超出预算和延误的项目中，只有 74%的项目实现了完整的预期要求。然而，值得注意的是，尽管有这些统计数据，利益相关方仍然认为他们获得了价值，如图 2-5 所示。

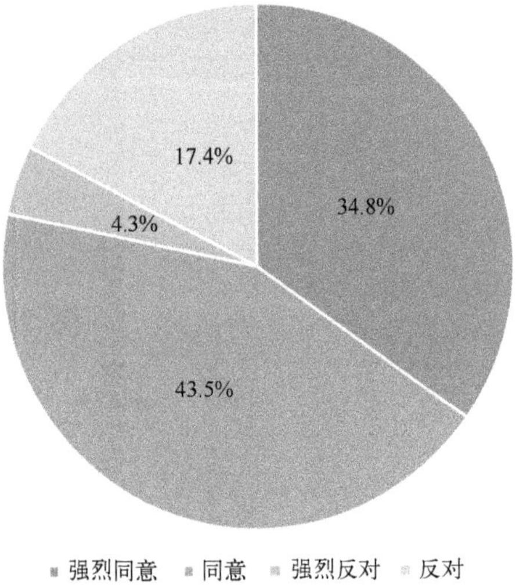

图 2-5　达到业务价值水平

研究成果和讨论清楚地表明，项目管理的价值是由多个层面决定的，不是一个单一的概念。

2.3　项目管理在价值实现中的作用

高管在通过项目管理实现价值方面发挥着重要作用。对高管而言，通过项目管理实现价值具有双重性：为实现价值，高管必须为项目管理营造一个有利环境。高管如何才能创造有利环境？首先能做的就是确定并建立项目管理的使能因素。

2.3.1　项目管理的使能因素

高管必须首先理解的一点是，没有“一刀切”的方法。Mir 和 Pinnington

(2014) 指出，项目管理的价值取决于组织的文化以及符合本组织需要的“恰当”实施类型。使能因素包括但不限于以下因素。

(1) 全面的项目管理：高管必须在组织内支持全面实施项目管理理念或方法。项目管理不能割裂实施。当选择了项目管理标准或方法论时，必须严格遵守并执行。

(2) 项目管理办公室：建议创建一个诸如项目管理办公室的机构。项目管理办公室的作用可能会有所不同，但最终是用于支持项目主管以及整个组织。组织尤其是大型组织，如果没有项目管理办公室就无法正常运行。有关项目管理办公室的作用和职能，请参见第 7 章。

(3) 长期培训：培训对所有员工的发展都至关重要。在项目管理方面尤其如此。项目主管使用的工具和技术不断发展，标准和方法也在不断更新。为了让项目主管能够获得最佳绩效，组织需要不断地投入对人员进行培训。

(4) 项目主管的权力：项目主管应该被赋予管理他们各自项目的全部权力。这在具有层级结构或弱矩阵结构的组织中尤其困难。如果项目主管缺少权力，总是需要得到指挥链中更高级别领导的批准，那么他就无法高效、快速地做出明智的决策。

(5) 清晰的职责：与项目主管的权力并行的是角色和职责的界定。当员工知道他们应做什么时，他们的表现才是最佳的。只有清晰界定角色和职责，并赋予与之匹配的责任，才有可能实现这一点。如果项目主管知道每个特定个人在项目团队中的作用，那么他或她的工作会更容易。这种方式有助于消除误解，最大限度地减少重复性工作。同时，项目主管还应有权对表现不佳的个人进行惩罚。

(6) 战略一致性：项目被视为实现组织愿景和战略的工具。高管可以采取的最重要的措施之一是确保组织内的所有项目都与组织愿景和战略保持一致。这种一致性最终会创造价值，因为一旦项目完成，愿景和战略就会实现。

这里只简单列出了几项使能因素。每个组织必须确定自己必须采取哪些使能因素，以便从项目本身和项目管理实践中创造价值。

2.3.2　衡量价值的指标

为了确定组织是否实现了价值，必须建立特定的衡量指标。没有高管会愿意在缺乏日常测量措施、无法衡量业务是否在正确轨道上的情况下运行和管理业务。项目管理的价值也是如此。高管必须找到标准来确定项目可交付成果本身的价值和项目管理的价值。如图 2-6 所示，Bannerman（2008）创建了一个多层次的框架，用于确定创造的价值。

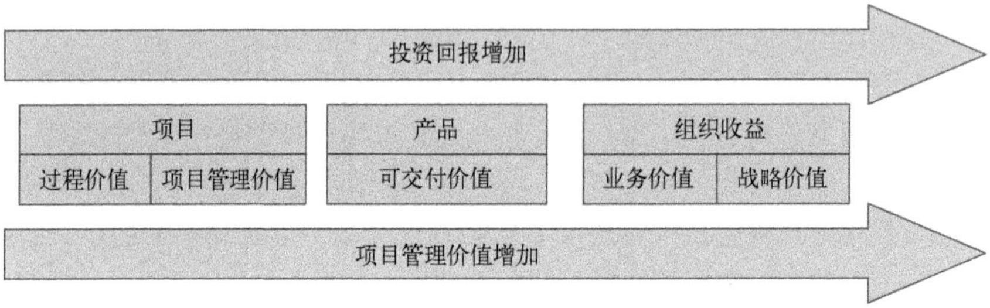

图 2-6 价值生成测试框架（Bannerman，2008）

高管必须确保组织内的每一个项目都得到测量，以确定项目本身的价值以及交付成果的价值，而这反过来又将决定项目管理的价值。为确定价值，需要测量三项内容，即项目本身、项目交付成果以及交付成果对组织的影响。

（1）项目本身。当审视项目组成时，要衡量的第一个方面是过程本身对组织的价值。其目的是衡量是否采用了特定领域的技术和管理过程、方法、工具和技术来实现项目目标。需要衡量的第二个方面是项目实施的约束条件。传统的约束条件是时间、成本、范围和/或质量。其目标是确定项目是否在规定的约束范围内交付。

（2）项目交付成果。交付成果的性质将取决于具体的领域。相关衡量指标包括：①规格是否满足；②需求是否满足；③客户/用户的期望是否满足；④客户/用户是否接受了交付成果；⑤产品/系统是否正在使用；⑥客户/用户是否满意；⑦客户的利益是否得到实现。

（3）交付成果对组织的影响。这涉及与特定项目相关的组织利益。第一个方面强调业务价值本身以及推动投资的组织目标，即组织希望通过投资实现什么。第二个方面关注从项目投资中获得的战略价值和战略优势，无论是固有的还是新兴的。高管必须制定衡量组织利益的指标。例如：①是否实现了业务目标；②是否实现了组织利益；③是否促进了组织发展；④是否产生了利益相关方的积极反应。

无论使用哪种模型或框架，高管都必须确保对每个项目进行仔细审查，以确定该项目是否为组织创造价值。这种审查必须在项目的开始阶段，即评估业务方案时进行；在整个项目生命周期中进行；在项目完成后实现了收益时进行。必须注意，在组织改进项目的情况下，收益可以在整个项目生命周期中得以实现。有关收益实现管理的更详细讨论请参见第 8 章。这不是一项轻松的任务，但一旦每个人意识到每个项目都会得到仔细审查，投资在不同项目中的价值就会开始显现。

令人遗憾的是，从项目和项目管理中创造价值并不是一劳永逸的。高管们必须确保项目管理的价值是可持续的。

2.3.3 价值的可持续性

为了保持项目管理的价值，高管应不断对 2.3.1 节中讨论的使能因素进行再投入。这种对使能因素的再投入反过来提供了各种环境，这些环境最终决定了项目管理的价值。项目管理价值的保障关系如图 2-7 所示。

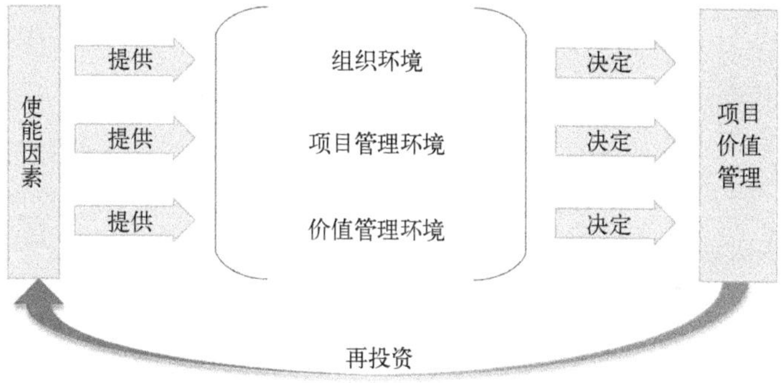

图 2-7　项目管理价值的保障

最终，项目管理的价值可以在以下层面进行衡量（Zhai 等，2009）。

（1）利益相关方满意度：利益相关方需要对项目交付成果感到满意，这可以根据图 2-6 所描述的框架来衡量。

（2）实践的一致性：项目管理属于更大的组织，因此，项目管理所采用的最佳实践必须与组织内的其他所有业务流程保持一致。

（3）业务成果：当项目交付成果与实现组织愿景和战略相结合时，就会创造价值。

（4）投资回报率（ROI）。投资回报率最终将利益相关方与项目管理的价值联系起来——这里的价值包括有形的财务回报和无形的组织利益。

2.4 小　　结

组织能否在没有项目管理的情况下实现愿景和战略？这是很有可能的，但是当组织接受项目管理作为交付价值的工具时，他们更有可能取得成功。

如果没有组织本身的任何投入，这种价值创造就不会发生。正如我们所见，需要建立各种使能因素，而唯一能够建立这些使能因素的人是组织的高管。当然，高管们本身也必须发挥作用，但如果没有这些使能因素，他们也无能为力。这些使能因素为项目管理提供了为组织创造价值的环境。

高管们不应该被蒙蔽，认为从项目管理中创造价值是一个简单的过程。这是一个持续的过程，通过这个过程，组织的项目管理成熟度不断提高，成功交付项目的能力也将增强。这反过来又确保从项目管理的投资中创造更多的价值。

下一章更具体地关注组织如何通过项目和计划管理，与组织愿景和战略的保持协调一致，从而获得价值。

2.5 参考文献

Association for Project Management. (2006). APM Body of Knowledge (5 ed.). Buckinghamshire, UK: Association for Project Management.

Aubry, M., Hobbs, B., & Thuillier, D. (2009). The Contribution of the Project Management Office to Organisational Performance. International Journal of Managing Projects in Business, 2(1), 141-148.

Bannerman, P. L. (2008). Defining Project Success: A Multilevel Framework. Paper presented at the PMI Research Conference: Defining the Future of Project Management, Warsaw, Poland.

Chalale, M. L. (2016). Investigating the Relationship between IT Project Expenditure to IT Project Success and IT Business Value. (M. Com. Business Management), University of Johannesburg, Johannesburg, South Africa.

Crawford, L. H., & Helm, J. (2009). Government and Governance: The Value of Project Management in the Public Sector. Project Management Journal, 40(1), 73:87.

Eveleens, J. L., & Verhoef, C. (2010). The Rise and Fall of the Chaos Report Figures. IEEE Software, 27(1), 30-36.

Hyväri, I. (2006). Success of Projects in Different Organizational Conditions. Project Management Journal, 37(4), 31-41.

Ika, L. A. (2009). Project Success as a Topic in Project Management Journals. Project Management Journal, 40(4), 6-19.

Kwak, Y. H., & Ibbs, W. C. (2000, 15 August). The Berkeley Project Management Process Maturity Model: Measuring the Value of Project Management. Paper presented at the Proceedings of the 2000 IEEE Engineering Management Society, Albuquerque, NM, USA.

Labuschagne, L., & Marnewick, C. (2009). The Prosperus Report 2008. IT Project Management

Maturity vs. Project Success in South Africa. Johannesburg, ZA: Project Management South Africa.

Marnewick, C. (Ed.) (2013). Prosperus Report—The African Edirtion. Johannesburg, ZA: Project Management South Africa.

Mengel, T., Cowan-Sahadath, K., & Follert, F. (2009). The Value of Project Management to Organizations in Canada and Germany, or Do Values Add Value? Five Case Studies. Project Management Journal, 40(1), 28:41.

Mir, F. A., & Pinnington, A. H. (2014). Exploring the Value of Project Management: Linking Project Management Performance and Project Success. International Journal of Project Management, 32(2), 202-217.

Office of Government Commerce. (2009). Managing Successful Projects with PRINCE2 (5 ed.). United Kingdom: The Stationary Office.

Ohara, S. (2005). P2M: A Guidebook of Project & Program Management for Enterprise Innovation (3 ed.). Tokyo, JP: Project Management Association of Japan (PMAJ).

Patah, L. A., & de Carvalho, M. M. (2007, 5-9 August). Measuring the Value of Project Management. Paper presented at the PICMET'07—2007 Portland International Conference on Management of Engineering & Technology, Portland, OR, USA.

Project Management Institute. (2013). A Guide to the Project Management Body of Knowledge (PMBOK® Guide) (5 ed.). Newtown Square, PA, USA: Project Management Institute.

Project Management Institute. (2015). Capturing the Value of Project Management. Newtown, PA, USA: Project Management Institute.

Sonnekus, R., & Labuschagne, L. (2003). The Prosperus Report 2003. Johannesburg, ZA: RAU Standard Bank Academy for Information Technology.

Stevenson, A. (2010). Oxford Dictionary of English. Oxford, UK: Oxford University Press.

The Standish Group. (2013). Chaos Manifesto 2013. Retrieved from http://www.immagic.com/eLibrary/ARCHIVES/GENERAL/GENREF/S130301C.pdf.

The Standish Group. (2014). Chaos Manifesto 2014: The Standish Group International, Inc.

第3章　计划和项目的战略一致性

策无略无以为恃，计无策无以为施。

——孙子，中国古代军事家①

在组织中，每天都有不同的人做出决策（Van Der Merwe，2002）。这些决策会影响组织短期和长期的运营方式（Desai，2000）。组织内部的决策过程解释了各个决策层级之间的关系，以及这些决策对整体项目的影响。这解释了组织理论中的一项内容，即如何采用不同的方法来分析组织。组织理论可以定义为组织的运行方式，以及它如何影响环境，又如何受到环境的影响（Jones，2001）。另外两个组成部分涉及组织的设计和文化。

管理组织内部的活动只是高管职责的一部分（Nadler，2004）。高管还必须应对本组织当前和未来的外部环境带来的挑战。为了有效应对影响组织增长和盈利能力的一切问题，高管们采用管理流程，通过最大限度地预测环境变化和意外的内部竞争需求，使组织在竞争环境中处于尽可能最佳境地（Kakabadse 等，2001）。

这种包罗万象的方法被称为战略管理，可以理解为制定和执行旨在实现组织战略目标的一系列决定和行动（Dew，Goldfarb，和 Sarasvathy，2006；Richardson，1994）。战略是一个面向未来的大规模规划，旨在与竞争环境互动，以实现本组织的目标（Manas，2006）。虽然该规划没有详细说明未来的所有部署，但它确实为管理决策提供了一个框架（Joshi，Kathuria 和 Porth，2003）。

3.1　项目与计划的战略一致性

人们普遍认为，项目是用来实施特定的组织战略的（Cooke-Davies，Crawford，和 Lechler，2009；Hermano 和 Martín-Cruz，2016）。此外，发起和管理的项目类型取决于本组织的主要战略重点（Cooke-Davies 等，2009）。

① 引自 http://philosiblog.com/2011/05/04/strategy-without-tactics-is/。

文献综述表明，对于如何制定组织战略，以及有效战略实施对组织绩效的影响，已有充足的理论和实践。尽管具备这些知识，Crawford（2014）认为，战略实施得到的研究关注少于战略制定。此外，就如何制定有效的战略而言，如果这些战略得不到有效的执行，那么它们就没有价值或价值不大（Crawford，2014）。她提出，计划和项目是执行战略的重要手段，并将项目管理定位为关键业务流程。高管应谨慎行事，因为并非战略的所有方面都是通过项目和计划实施的。日常业务（BAU）或运行也是战略实施的一部分，重点是助力实现其目标（Crawford，2014）。这些日常活动可以通过项目或常规活动来实施。

高管需要认识到，项目和计划能否成功实现组织战略部署，与项目主管能够控制的资源密切相关（Eweje，Turner 和 Müller，2012）。高管和项目主管之间对于资源的控制需要加以平衡，目的是确保组织战略能够得到有效实施，而不是引发权力斗争。假设控制权倾向于高管，因为他或她的级别更高，是决定关键资源配置的更合适人选。这就意味着，当高管和项目主管都掌握组织资源时，组织战略成功实施的可能性就大大增加了。需警惕高管有时会倾向于允许所谓的“宠儿”项目蓬勃发展。这些“宠儿”项目往往没有合理的理由，却得到了高管提供的资源和支持（Herman 和 Martfn-Cruz，2016）。“宠儿”项目是指那些由高管力推，但对组织来说毫无价值的项目，它们可能只是符合高管个人的私下利益。“宠儿”项目通常会消耗组织的资源（包括资金和人力资源），除了满足高管之外，不会给组织带来任何实际回报。

保持项目与计划战略一致性的一个重要目的是创造和释放的战略价值。高管应认识到，由于项目能够支撑长期战略的成功落地，因此他们应设法通过保持项目和计划的战略一致性来释放战略价值（Martinsuo，Gemünden 和 Huemann，2012）。项目与计划的一致性调整超越了纯粹的一致性和战略实施。组织必须识别和衡量具备战略一致性的项目和计划所能释放出来的战略价值（Martinsuo 和 Killen，2014）。在规划中，应使用战略价值来平衡战略的重要性和范围。这意味着战略价值也将用于平衡规划，以确定应该实施哪些项目和计划，以实现最大的财务和战略价值。高管应该警惕，不应将组织规划的当前财务成功与衡量整体业务成功混为一谈，因为衡量业务成功既要衡量经济价值，也要衡量是否为组织未来做好准备。

尽管越来越多的项目被用于实施业务战略，但要确定这些项目是否有助于实现战略目标并不总是那么容易（Young 和 Grant，2015）。组织应该制定适当的衡量标准并进行度量，以确定在运营和项目层面是否有所进步（Young 和 Grant，2015）。

Young，Young，Jordan 和 O'Connor（2012）指出，尽管有大量证据表明项目与计划的战略一致性有利于组织战略，但对于如何将战略转化为项目，却鲜有指导。下一节提供了一个框架，可用于从本组织的愿景和战略中得出计划和项目。

3.2 项目与组织愿景的一致性

虽然组织项目管理成熟度模型 OPM3®（PMI，2009）认识到一个组织的愿景和战略是通过项目实施的，但它并没有提供一个从愿景到项目的明确方法。普华永道表示，“公司所开展的任何项目都应由业务目标驱动”（Peterson，2002）。许多组织缺乏一个结构化的流程，无法根据业务目标衍生出项目。Longman 和 Mullins（2004）也认识到，组织的战略应该为计划和项目设定界限。

问题是：应该如何构建和管理规划，以实施和完成组织战略？

图 3-1 提供了一种结构化的方式，有助于从组织愿景中衍生出项目，并持续监控这些项目对实现愿景的贡献（Marnewick 和 Labuschagne，2006）。

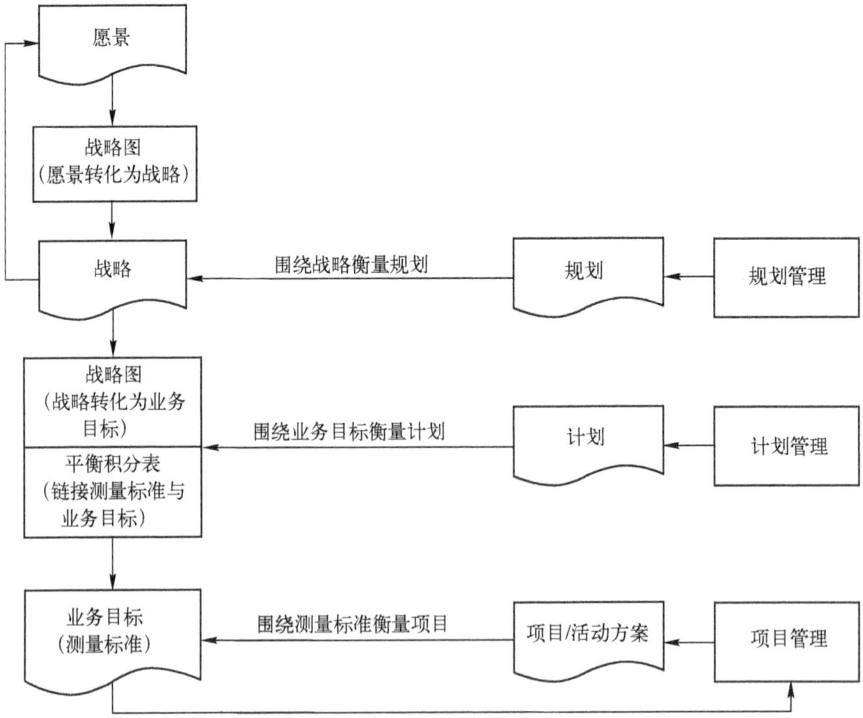

图 3-1 项目愿景框架

以下各节将讨论项目远景（V2P）框架中的每一个组成部分。

3.2.1 愿景

愿景是一个具体的想法，描述了组织需要实现的目标以及如何实现这些目标。制定愿景是一个复杂的过程，重要的是明确阐述愿景，并且能够激发热情（Ezingeard，McFadzean，和 Birchall，2007；Testa，1999）。最重要的是，愿景必须是现实的和可信的，而且必须展现出足够吸引人的未来，以便说服追随者努力追求，而不是仅维持现状。愿景应该基于现实，而不应该是一个遥不可及的梦想（Bogler 和 Nir，2001；Pearce 和 Robinson，2000）。高管有责任量化这一愿景。可以采用不同的方法，如麦肯锡的 7-S 框架（Rasiel 和 Friga，2001）或 Kenichi Ohmae 的 3C 框架（Ohmae，2001）。麦肯锡的 7-S 框架用于评估和监督组织本身，主要关注 7 个要素：组织结构、战略、系统、技能、行事风格、员工和共享价值观。其理念是这些要素应该相互协调，以便组织能够正常运行。3C 框架关注客户、竞争对手和合作伙伴，组织领导者必须关注这三个要素，以便组织取得成功。

以上方法的问题在于，它们只是提供了确定和描述战略的方法手段，但都没有提供将项目与组织的愿景和战略联系起来的方法或过程。战略图和平衡计分卡的结合提供了一个过程，使组织可以将项目与愿景和战略联系起来。战略图用于从愿景中获得战略目标，平衡计分卡用于推导每个战略的量化指标。这使组织能够衡量战略的进展情况。

3.2.2 战略图——将愿景转化为战略

战略图通过流程和无形资产描述本组织的愿景和战略（Kaplan 和 Norton，2004；Marr 和 Adams，2004）。战略图可以用于协调无形资产与组织战略，并最终实现组织的愿景。战略图从愿景开始，遵循先自上而下再自下而上的方法。这种方法意味着愿景能够决定和指导所有较低层次，而自下而上的方法使组织能够将所有内容与愿景联系起来。虽然这种方法是自上而下的方法，但较低层次必须与较高层次相关联，以确保战略图的上下层次之间存在一致的联系。

战略图为组织提供了一个框架，但要由组织来决定它想要使用哪些组件。财务、客户、内部流程、学习和成长这四个视角为战略图提供了不同的视角。财务和客户视角可以用来推导战略，而内部流程、学习和成长视角则提供业务目标。

第一个视角是财务视角，它为组织提供了两个主要战略，即增长战略和生产力战略。这使组织能够专注于特定的战略，而不是将注意力分散到那些不利于实现愿景的其他战略上。组织的高管应该在增长战略和生产力战略之间寻求平衡。这两种战略往往存在直接冲突，保持平衡对组织来说至关重要。财务战略侧重于组织如何提高盈利能力和投资回报率（Rowley，2002；Thackray，1995）。要实现这一点，必须有一个将增长战略与生产力战略与潜在客户需求联系起来的战略。

客户视角关注组织想要锁定的目标客户群。组织的战略图产生与组织的愿景相关联的财务和客户战略。战略的实现最终确保了组织的成功，因为它们与组织的愿景相关。

3.2.3 战略图——将战略转化为业务目标

一旦确定了战略，就可以应用战略图的第三个视角和第四个视角来确定业务目标。业务目标侧重于组织的内部流程以及学习和成长的视角。高管确定对实现客户和财务战略最关键的流程。这使组织能够将内部业务流程集中在那些将以最成功的方式交付确定战略的流程上。两个流程可能解决相同的业务目标，如果一个流程比另一个更理想，那么这个流程是更好的解决方案（Kaplan和 Norton，1996）。一旦确定了组织的内部流程，就必须将其与组织的无形资产联系起来。这是通过学习和成长的视角来实现的。这个视角与内部流程视角一起构成了业务目标的基础。学习和成长视角强调将组织的无形资产与其战略结合起来。无形资产可分为人力、信息和组织形态三大类。这三类无形资产的目标必须与内部流程的目标保持一致，并相互整合。这些目标描述了无形资产的重要性，并为无形资产的管理提供了强有力的框架。

3.2.4 平衡记分卡——确定目标和度量

平衡计分卡为高管们提供了一个全面的框架，将组织的愿景和战略转化为一套统一的绩效指标（Kaplan 和 Norton，2004；Ritter，2003）。平衡计分卡为来自愿景和战略的业务目标提供了衡量标准。虽然不同的视角与战略图中的特定层级相关，但必须注意的是，这些视角影响着其他层级，且这些视角与组织的战略和业务目标之间存在一致性。

下一步是将衡量标准和目标转化为项目。通过各种项目来实现满足衡量标准的产品和服务。

3.2.5 项目管理

战略图与平衡计分卡相结合，为组织提供了相关的衡量标准和目标，以确保实现各项业务目标。

项目管理的原则应用于战略图定义的每个业务目标。这意味着将开展业务案例设计工作，以确定业务目标是否可行，以及识别出必须启动哪个项目来实现该业务目标（Harvard Business Review，2010；Robertson，2004）。业务案例可提供一个以上的项目作为解决方案。在构建业务案例时，可采用多种技术方法，如净现值、内部利益率、回报分析和收益实现等。非财务技术包括加权评分和分类方案。衡量标准和指标可以表明两个可能的项目将实现相同的结果，而采用这些技术可确定哪个项目最有助于实现组织的战略和目标。最终结果是汇集了能够最好地实现战略和既定目标的项目。在此步骤中的另一项工作是基于项目管理原则消除重复项目。为了实现业务目标而启动的不同项目必须被组合在一起，以便消除重复和冗余。

一旦这些项目被确定并列为合法项目，它们将按照标准和最佳实践进行管理。相关标准和最佳实践将在第 6 章中讨论。

3.2.6　项目

上一步识别并确定了为实现业务目标应启动哪些项目。具体项目的成功将取决于业务方案和利益相关方定义的衡量标准。

下一步是将项目按照逻辑关系进行分组，这些内容被称为计划。

3.2.7　计划管理

确定计划对组织至关重要，因为这些计划将与战略图确定的业务目标相关联。不同的项目被组合在一起形成计划。这些计划源自战略图的内部流程和能力视角。这使得组织能够直接将项目与战略联系起来。这意味着，构成运营管理过程的所有项目都被组合成一个运营管理项目计划。需要消除重复项目，并整合互补项目。重复项目是由于不同的衡量标准而产生的。可能会出现同一个项目被确定为满足两个不同的衡量标准的情况。项目管理的主要目的是识别和整合这些重复项目，以便组织通过统一执行这些项目而不是单独执行它们来受益。这是该过程的一个重要部分，因为可用于执行这些项目的资源有限。然后，使用传统的项目管理流程正式启动产生的项目。将项目组合成计划的好处在于，项目主管可以将项目的成果直接与计划的成果和成功联系起来。这些项目的最终成果将决定特定计划的成功或失败。

一旦确定了计划，就必须以专业的方式对其进行管理。这意味着计划主管必须遵守计划的标准和最佳实践，并且他们还必须具备管理计划的能力。

3.2.8 计划

每个计划的成功程度取决于其多大程度上实现了与之相关的业务目标和收益。计划的成功与业务目标实现的成功直接相关。下一步是对这些计划进行管理，以确保通过实施这些计划获得最佳回报。

3.2.9 规划管理

规划管理是指通过管理计划和项目，使组织战略得到最优实施和实现（Lin 和 Hsieh，2004）。规划主管承担该项工作，并对以下方面做出决策。

（1）项目和计划的优先级：先实施某个计划可能对组织更有益。规划主管必须对项目和计划的优先级做出决策。

（2）项目和计划的采纳或排除：组织的愿景和战略会随时间改变。规划主管有责任确定哪些项目和计划仍然是实现愿景和战略所必需的。当项目外包给其他组织时，也适用这一点，如 IT 项目。某些 IT 项目有时会外包给具备管理特定 IT 组件知识和能力的其他组织。这些项目应纳入规划管理，因为外包项目的成功或失败将对规划的整体成功产生影响。

3.2.10 规划

不同的项目和计划构成了规划的基础。通过将组织战略转化为项目或计划，战略图和平衡计分卡为规划主管提供了一定数量的项目和计划，以纳入规划中。规划侧重于战略图的财务和客户层面。这两个层面为组织战略提供了保障，规划必须确保这些战略能够成功实施，从而实现组织的愿景。需要注意的是，战略图上的财务层面规划不应与组织的财务规划混淆。组织的规划和财务规划将共同实现组织的财务战略。图 3-2 展示了一个典型的规划。从图 3-2 可以清楚地看出，规划可包含多达 7 个计划。

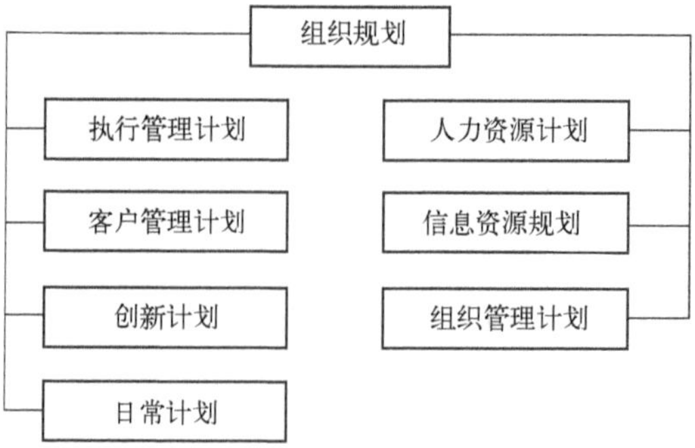

图 3-2 典型规划的组成

不同的计划由组织内所有高管协同管理。高管们将确保计划内的各个项目得到妥善管理，并确保各计划均取得成功。

3.2.11　从项目回到愿景

本节提出了一种自上而下的流程，将愿景转化为项目。同时，提出了一种自下而上的流程，通过测量项目绩效和进度来监控愿景的实现。组织必须定期监控愿景和战略的进展，以确保所选项目产生预期结果。对于出现的任何偏差，需要采取纠正措施。监控在下面三个层面进行。

（1）制定衡量标准和指标使本组织能够监测各个项目。项目主管有责任确保项目实现这些目标。

（2）每一个计划都与相应的业务目标相关，需要通过计划实施来监测业务目标的实现情况。计划主管必须确保计划能够实现这些目标。

（3）战略的成功部署取决于规划的执行。如果成功管理规划，那么组织战略将会实现。规划主管必须确保做到这一点。

如果组织实现了所有战略，那么组织的愿景就会实现。图 3-3 展示了愿景与战略之间的依赖关系。愿景决定战略，而战略决定愿景的成功。

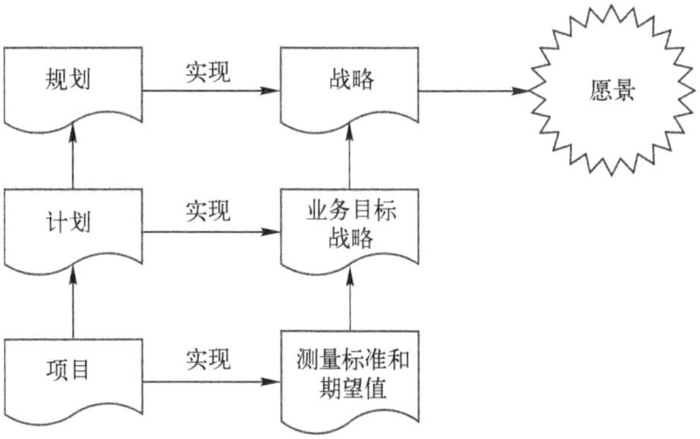

图 3-3　愿景与战略之间的相互关系

愿景是对组织的长期展望，而项目则着眼于短期。本过程使组织能够专注于短期项目，而短期项目的成功会促进长期愿景和战略的成功。基于愿景到项目的框架，可以推断出项目与组织愿景和战略之间存在直接联系。

3.3　高管对保持战略一致性的作用

高管在战略的制定、执行和实现过程中都发挥着重要作用。相关文献显示，项目和计划可用作实施战略的工具。为了确保战略变成现实而不是某种模糊的梦想，高管必须专注于并解决以下问题。

3.3.1 持续传达愿景和战略

理想的情况是，愿景和后续战略保持不变，尽可能少地改变。然而，随着组织的发展变化，这种情况不太可能发生。这些发展变化包括与其他组织合并和收购，以及高管的变动。这些变化将对战略产生影响，因为当前的战略可能会变得过时，进而采用了新的战略。无论情况如何，当战略发生转变或变化时，高管都有责任和义务将其传达给整个组织，特别是项目主管和计划主管。同时，这些计划和项目主管还需要确保各自的计划和项目与组织的新愿景和战略保持一致。项目远景框架是一种工具，用于不断确定哪些计划和项目与战略保持一致。如果愿景和战略发生变更而没有通知负责实施战略的人员，那么该框架就毫无用处。

3.3.2 资源配置

相关文献表明，战略的成功实施与向计划和项目的资源分配之间存在正相关关系。分配给某个计划或项目的资源越多，该计划或项目成功的可能性就越大。一个项目的成功意味着一个战略的成功实现。必须注意的是，资源并不仅指财务或人力。当然，这两种资源对计划或项目的成功都起着至关重要的作用，高管应该利用他们的政治影响力为计划或项目分配足够的资源。同样重要的是，高管在计划和项目的生命周期中作为责任人发挥积极作用。作为责任人，高管必须为计划或项目主管提供充足的资源。高管应该参与他们负责的计划或项目，并提供必要的精神支持。

3.3.3 小心“宠儿”项目

项目远景框架为从战略中衍生出项目和计划提供了一个结构化的机制。这反过来又应该禁止高管支持所谓的“宠儿”项目。“宠儿”项目是一种不时出现的现象，当高管试图推动某种政治议程来为自己赢得声誉或地位时，就会出现这种情况。从长远来看，这会导致组织的衰落，最终会导致个别高管的下台。高管确实会依附于某些项目，因为这些项目对于实现他们负责的战略至关重要。高管不应该让个人的喜好或情感倾向取代了对组织和战略的理性考量。

3.3.4　创建指标

指标很重要，高管应该使用指标来衡量战略的执行情况。应该为每项战略和随后的业务目标制定现实且可实现的指标。这些指标应被用来指导项目主管和计划主管，并最终确定项目和计划相对于战略和业务目标的绩效。如果没有任何指标，高管将无法了解组织的战略实施情况，组织将处于盲目运行状态。

3.3.5　业务方案

任何基于策略和业务目标启动的项目都应附有一份与之相关的业务方案。业务方案的目的是阐述并证明对计划或项目进行投资的合理性。因此，它汇总了预期收益，推荐首选的解决方案，提出备选方案。它提供了项目的核心要素信息，如范围、成本、时间框架和风险。业务方案由一位高管担任责任人。高管有责任确保为每个项目都提供有效的业务方案。这些业务方案应与战略和业务目标相关联，并应明确说明相关项目将如何实现战略和业务目标。

3.4　小　　结

本章研究表明，计划和项目在实现组织战略中发挥了重要作用。离开项目和计划，战略目标几乎不可能实现。在落实组织战略方面，本章提供了关于计划和项目价值的科学依据。文献也表明，关于如何开展这项工作的研究不多，因此引入项目远景框架试图解决这一问题。项目远景框架可用于从愿景和战略中衍生出计划和项目。本章还进一步强调了高管在制定愿景和战略以及在确定用于实施这些战略的计划和项目方面所发挥的重要作用。高管可能不直接参与项目的日常运营，但作为责任人，他们最终要对实现战略负责。

高管必须认识到，虽然项目是实施战略的工具，但他们有责任和义务为计划和项目扫清障碍。这需要通过创建正确的愿景和战略以及后续可用于确定进度的指标来实现。同时，高管还要提供支持确保各项目主管能够获得充足且适当的资源。此外，高管不能仅制定愿景和战略后就坐享其成，还应继续参与战略的实施。

下一章重点介绍规划管理以及如何在组织内实施规划管理。规划管理确保项目规划和项目的最佳组合得到实施，以获得最佳的投资回报。

3.5 参考文献

Bogler, R., & Nir, A. E. (2001). Organizational Vision: The Other Side of the Coin. Journal of Leadership Studies, 8(2), 135-144.

Cooke-Davies, T. J., Crawford, L. H., & Lechler, T. G. (2009). Project Management Systems: Moving Project Management from an Operational to a Strategic Discipline. Project Management Journal, 40(1), 110-123.

Crawford, L. (2014). Balancing Strategy and Delivery: The Executive View. Procedia-Social and Behavioral Sciences. 119(0), 857-866.

Desai, A. B. (2000). Does Strategic Planning Create Value? The Stock Market's Belief. Management Decision, 38(10), 685-693.

Dew, N., Goldfarb, B., & Sarasvathy, S. (2006). Optimal Inertia: When Organizations Should Fail. In J. A. C. Baum, S. D. Dobrev, & A. Van Witteloostuijn (Eds.), Ecology and Strategy (Advances in Strategic Management), Volume 23 (pp. 73-99). Bingley, UK: Emerald Group Publishing Limited.

Eweje, J., Turner, J. R., & Müller, R. (2012). Maximizing Strategic Value from Megaprojects: The Influence of Information-Feed on Decision-Making by the Project Manager. International Journal of Project Management, 30(6), 639-651.

Ezingeard, J. N., McFadzean, E., & Birchall, D. (2007). Mastering the Art of Corroboration: A Conceptual Analysis of Information Assurance and Corporate Strategy Alignment. Journal of Enterprise Information Management, 20(1), 96-118.

Harvard Business Review. (2010). Developing a Business Case. Boston, MA, USA: Harvard Business Press.

Hermano, V., & Martín-Cruz, N. (2016). The Role of Top Management Involvement in Firms Performing Projects: A Dynamic Capabilities Approach. Journal of Business Research, 69(9), 3447-3458.

Jones, G. R. (2001). Organizational Theory: Text and Cases. Upper Saddle River, NJ, USA: Prentice Hall.

Joshi, M. P., Kathuria, R., & Porth, S. J. (2003). Alignment of Strategic Priorities and Performance: An Integration of Operations and Strategic Management Perspectives. Journal of Operations Management, 21(3), 353-369.

Kakabadse, A., Ward, K., Korac-Kakabadse, N., & Bowman, C. (2001). Role and Contribution of Non-Executive Directors. Corporate Governance: The International Journal of Business in Society, 1(1), 4-8.

Kaplan, R. S., & Norton, D. P. (1996). The Balanced Scorecard. Boston, MA, USA: Harvard Business School Press.

Kaplan, R. S., & Norton, D. P. (2004). Strategy Maps: Converting Intangible Assets into Tangible Outcomes. Boston, MA, USA: Harvard Business School Press.

Lin, C., & Hsieh, P. J. (2004). A Fuzzy Decision Support System for Strategic Portfolio Management. Decision Support Systems, 38(3), 383-398.

Longman, A., & Mullins, J. (2004). Project Management: Key Tool for Implementing Strategy. Journal of Business Strategy, 25(5), 54-60.

Manas, J. (2006). Napoleon on Project Management. Nashville, TN: Thomas Nelson Inc.

Marnewick, C., & Labuschagne, L. (2006). A Structured Approach to Derive Projects from the Organisational Vision. Paper presented at the Project Management Research Conference 2006, Montreal, Quebec, Canada.

Marr, B., & Adams, C. (2004). The Balanced Scorecard and Intangible Assets: Similar Ideas, Unaligned Concepts. Measuring Business Excellence, 8(3), 18-27.

Martinsuo, M., Gemünden, H. G., & Huemann, M. (2012). Toward Strategic Value from Projects. International Journal of Project Management, 30(6), 637-638.

Martinsuo, M., & Killen, C. P. (2014). Value Management in Project Portfolios: Identifying and Assessing Strategic Value. Project Management Journal, 45(5), 56-70.

Nadler, D. A. (2004). What's the Board's Role in Strategy Development?: Engaging the Board in Corporate Strategy. Strategy & Leadership, 32(5), 25-33.

Ohmae, K. (2001). The Invisible Continent: Four Strategic Imperatives of the New Economy. New York, USA: HarperCollins.

Pearce, J. A., & Robinson, R. B. (2000). Strategic Management: Formulation, Implementation, and Control. Boston, MA, USA: McGraw-Hill Higher Education.

Peterson, M. (2002). Why Are We Doing This Project? Retrieved from Detroit: https://www.pwc.com/th/en/publications/assets/whydoing.pdf.

Project Management Institute. (2009). Organizational Project Management Maturity Model (OPM3®) (2 ed.). Newtown Square, PA, USA: Project Management Institute.

Rasiel, E., & Friga, P. D. N. (2001). The McKinsey Mind. New York, USA: McGraw-Hill Education.

Richardson, B. (1994). Comprehensive Approach to Strategic Management: Leading Across the Strategic Management Domain. Management Decision, 32(8), 27-41.

Ritter, M. (2003). The Use of Balanced Scorecards in the Strategic Management of Corporate Communication. Corporate Communications: An International Journal, 8(1), 44-59.

Robertson, S. (2004). Requirements and the Business Case. IEEE Software, 21(5), 93-95.

Rowley, J. (2002). Synergy and Strategy in E-Business. Marketing Intelligence & Planning, 20(4), 215-222.

Testa, M. R. (1999). Satisfaction with Organizational Vision, Job Satisfaction and Service Efforts: An Empirical Investigation. Leadership & Organization Development Journal, 20(3), 154-161.

Thackray, J. (1995). What's New in Financial Strategy? Planning Review, 23(3), 14-18.

Van Der Merwe, A. P. (2002). Project Management and Business Development: Integrating Strategy, Structure, Processes, and Projects. International Journal of Project Management, 20(5), 401-411.

Young, R., & Grant, J. (2015). Is Strategy Implemented by Projects? Disturbing Evidence in the State of NSW. International Journal of Project Management, 33(1), 15-28.

Young, R., Young, M., Jordan, E., & O'Connor, P. (2012). Is Strategy Being Implemented Through Projects? Contrary Evidence from a Leader in New Public Management. International Journal of Project Management, 30(8), 887-900.

第4章 规划管理

制定规划不是一门科学，而是一种艺术，需要投入大量判断。

——尼尔·伍德福德[①]

规划管理（有时也被称为项目规划管理）是组织用来确保所有计划和项目都符合战略一致性原则的活动。规划管理的最终目标是选择并确定计划和项目的优先级，以提高规划的绩效。这是在确保战略一致性的背景下完成的。规划绩效与组织绩效之间存在正相关关系（Müller，Martinsuo 和 Blomquist，2008）。上一章强调了规划与组织战略之间的关系。规划的成功取决于构成规划的各部分的成功。规划与组织绩效之间的因果关系强调了一个事实，即组织绩效依赖于规划绩效。因此，应该重视规划的成功，因为它最终将确保组织的成功。

4.1 规划管理的概念

规划管理（PfM）传统上被定义为以一种能实现组织战略和目标的方式来管理一个或多个规划（Project Management Institute，2013）。上一章强调了从战略和目标中推导出项目，并将项目与战略和目标联系起来的重要性。这些项目随后被组合成一个规划。因此，规划被定义为一系列为实现战略目标而组合起来的计划和/或项目。实现这些战略和目标是通过执行以下活动来完成的。

（1）保持规划一致性：规划管理的最终目标是持续保持各个计划和项目与战略和目标之间的一致性。

（2）资源配置：在任何组织中，资源都是稀缺的，因此应该首要考虑资源的合理分配和管理。资源包括财务资源、人力资源和设备资源等。这些资源应该明智地分配给规划中的各个计划和项目。资源分配的方式不应损害规划的一致性。

---

① 引自 http://mastersinvest.com/portfoliomanagmentquotes/。

（3）评估规划绩效：在规划管理过程中，应持续评估绩效。绩效评估的标准是计划和项目实现组织战略和目标的程度。

（4）风险管理：每个计划和项目都伴随着风险。所有这些风险集中到一个单独的风险组合中，会使组织面临过多的风险。这种风险敞口可能会对实现战略和目标产生负面影响。因此，规划管理侧重于从最小化风险敞口的方式管理风险。当风险被视为机会时，情况恰恰相反，规划管理也可能侧重于最大化机会。

为了确保规划最优，组织必须持续执行上述四种活动，其唯一目的是实现组织的战略和目标。图 4-1 概述了规划管理活动及其相互之间的关系。

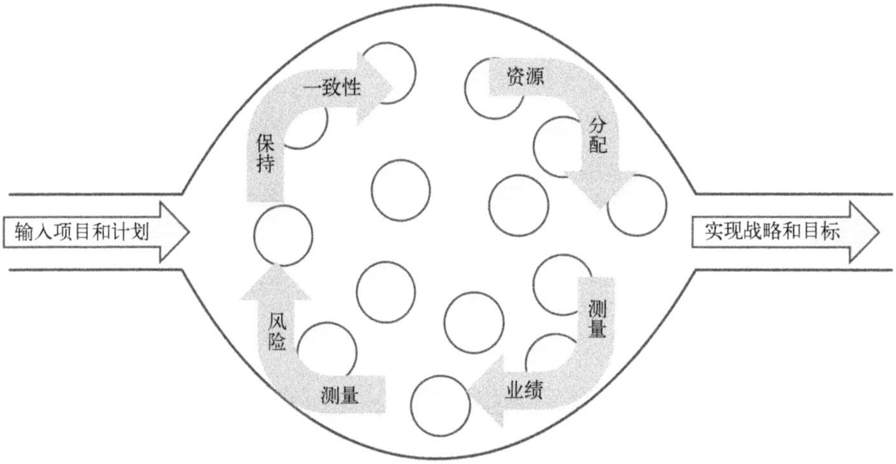

图 4-1　战略管理

在日常的规划管理中，规划主管负责监督规划优化管理过程，必须专注于开展正确的项目和计划（PMI，2013）。

4.2　规划管理相关标准概览

本节介绍了可供组织使用的规划管理相关标准。项目管理协会（PMI）对标准的定义是“为了在特定情况下实现最佳秩序，以协商一致方式建立并经权威机构认可的文件，为共同和重复性活动或其结果提供可使用的规则、指南或特性”。因此，组织可以使用标准来确保规划管理实践的一致性。目前，最常用的规划管理标准是 PMI 标准。

4.2.1 规划管理标准

规划管理标准（PMI，2013）确立了3个流程组和5个知识领域，如表4-1所列。

表4-1 流程组和知识领域

知识领域	流程组		
	定义	协调一致	授权与控制
规划战略管理			
规划治理管理			
规划绩效管理			
规划沟通管理			
规划风险管理			
注：数据来自规划管理标准（PMI，2013）			

流程是实现战略目标所需要执行的一系列动作和活动。每个流程都包括输入内容、所使用的工具和技术，以及所得的输出结果（PMI，2013）。第一个流程组是定义，侧重于为实现组织战略和目标而需要执行的流程。它还包括确定规划结构和路线图的流程。第二个流程组是协调一致，由管理和优化规划所需的相关流程组成，主要包括分类、评估、选择和规划组件的管理。第三个流程组是授权与控制，由授权规划和提供持续监督所需的流程组成。

5个知识领域可归纳如下。

（1）规划战略管理：每个规划都应有一个战略规划和路线图，描述如何实施组织战略和目标。这个知识领域用于评估和管理战略规划及路线图与战略和目标的持续一致性（PMI，2013）。

（2）规划治理管理：这个知识领域的流程侧重于规划的全面监督。具体流程包括规划的定义、优化和授权。第10章讲述了项目治理，规划治理管理应该支持项目的整体治理（PMI，2013）。

（3）规划绩效管理：这个知识领域的重点是计划、测量和监控规划的价值。这是通过实现组织战略和目标来实现的。目标是确定实现这些战略和目标的最佳规划组成（PMI，2013）。

（4）规划沟通管理：这个知识领域包括制定沟通管理计划以及管理规划信息所需的流程（PMI，2013，105）。

（5）规划风险管理：评估和分析规划风险的目的是抓住潜在机遇，抑制可能对规划产生不利影响的事件或活动（PMI，2013）。规划风险管理的目标是接受适量风险，以实现规划的最佳实施。

4.2.2 ISO 21504：2015《项目、计划和规划管理——规划管理指南》

ISO 21504：2015 为项目和计划组合管理原则提供指导（International Organization for Standardization，2015）。ISO 21504：2015 适用于任何类型的组织，无论公有还是私有，无论组织规模大小或行业领域。ISO 21504：2015 没有《规划管理标准》(PMI，2013）那么全面，主要由三个部分组成。

（1）第一部分侧重于规划管理原则。第一项原则涵盖了背景概念和规划管理的必要性。这一原则为采用规划管理提供必要依据。第二项原则规定规划管理的通用要求，涉及规划管理本身、规划结构、能力和约束以及机会等。第三项原则侧重于各种角色和责任。第四项原则涉及利益相关方的参与。

（2）第二部分侧重于规划管理的前提条件。这一部分提供了规划管理的依据，并定义了一个框架，说明组织应如何识别和确定哪些组件纳入规划，哪些组件移除。这一部分描述了各种类型的规划，以及如何对这些规划进行分类、评估、选择和优先排序。这一部分还涉及了规划与各种组织流程和系统之间的一致性，并提到了各种流程。建立管理系统应该为决策者提供可见性和相关信息。前 8 个前提条件涉及绩效报告结构的概念，旨在监控和跟踪业务战略和目标的执行情况以及实现情况。后 2 个前提条件关注提升规划管理本身以及规划的治理。

（3）第三部分点明了如何管理规划，并简要概述了以下流程：

① 设定规划目标。

② 确定潜在的规划组件。

③ 定义规划计划。

④ 评估和选择规划组件。

⑤ 验证规划与战略目标的一致性。

⑥ 评估和报告规划绩效。

⑦ 平衡和优化规划。

ISO 21504：2015 与《规划管理标准》(PMI，2013）之间有一些相似之处，但 PMI《规划管理标准》更为详细。

4.2.3 规划管理

规划管理（MoP®）于 2011 年由英国政府首次发布（Jenner 和 Kilford，2011)。这个标准描述了两个规划循环，如图 4-2 所示。

这两个循环包含了在两个连续的规划管理环节的实践活动。

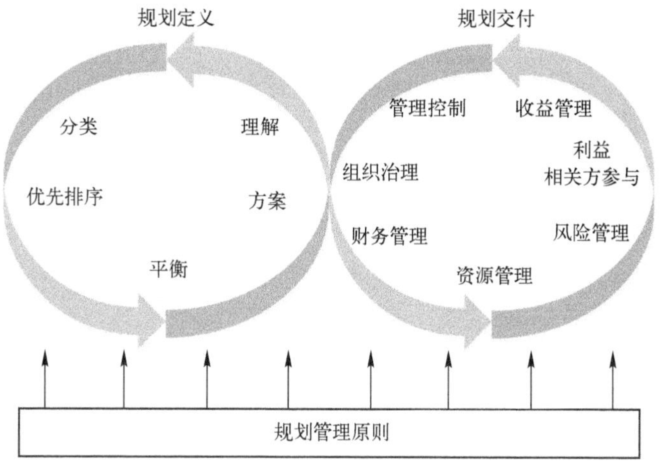

图 4-2　规划管理（MoP®）

（1）规划定义环节的重点在于“做正确的事”。收集信息，以向高管和更广泛的受众清晰地展示变革举措，以及这些举措将如何为实现战略目标做出最大贡献。第一个实践是“理解”，旨在识别已经存在或需要存在的规划组件。接下来，“分类”实践基于战略和业务目标将组件划分成不同的组。然后，“优先排序”实践根据一项或多项商定的措施对组件进行排名。“平衡”实践确保规划在促进战略和业务目标、业务影响以及风险暴露方面保持平衡。最后一个实践是“方案”。从规划定义环节中收集信息，创建规划战略，最终得出第二个环节——规划交付方案，该方案应获得组织领导者的一致同意。

（2）规划交付环节的重点在于“正确地做这些事”。其目的是成功实施在规划定义环节中所商定的计划内容。规划交付环节的 7 个实践之一是“管理控制”，在这一实践中，将针对规划交付战略和计划的进度做出个体层面和规划层面的决策。“收益管理”实践负责确定和管理应从规划中实现的收益，以及每个规划组件对运营绩效、战略和业务目标的贡献。“财务管理”实践确保规划过程和决策与财务管理环节保持一致，并且财务事项成为所有决策的关键因素。“风险管理”实践确保在个体和集体层面持续而有效地管理规划的风险。“利益相关方参与”实践确保识别并妥善管理规划的客户需求。“组织治理”实践确保规划管理与更广泛地组织治理结构保持一致，使所有决策都能得到正确理解。“资源管理”实践则建立机制，了解并管理实现变革所需的资源量。

两个规划管理环节的基础是 5 个规划管理原则。这些原则为规划定义和交付相关实践提供有效运作的组织环境（Jenner 和 Kilford，2011；Kilford，2016）。

（1）高管承诺：组织的高管应公开支持并积极宣传规划管理的价值，同时积极参与规划管理的过程。

（2）治理一致性：没有恰当的治理，规划管理将失败。这一原则侧重于升级和决策制定的结构。规划管理结构应与现有的组织决策过程相结合。

（3）战略一致性：规划必须包含有助于实现组织战略和目标的组成部分。MoP®建议采用模型驱动的方法，从高级别战略开始，逐步向下分解为战略目标、收益，并最终形成将实现这些目标和收益的举措。这与第 3 章所述的项目远景框架相符。

（4）规划办公室：应确立规划办公室，直接向高管报告。规划办公室的目的是提供标准、开展分析和增强协作。规划办公室应能够提供最新和准确的信息，以便规划主管做出有效的决策。

（5）充满活力的变革文化：高管应创造一种文化，在这种文化中，人们受到激励并努力做到最好，他们相信组织的目标，并觉得自己是组织的一部分。应建立一种开放沟通的环境，包括倾听和与员工互动。

至于组织想要遵循哪些标准，应由组织自行决定。这项决定必须基于组织和所在国家的背景来做出。

4.3 规划管理流程

规划管理所需的流程非常标准，如图 4-3 所示。整个流程受组织当前愿景和战略的支配。这为规划提供了方向，规划主管以此来平衡规划。第一步是识别所有组件，该项工作有助于成功实现这些战略。第二步是组件分类，这些组件可以分类到不同的类别中。分类类似图 3-2，其中类别可由平衡计分卡方法得到。组件分类有助于平衡规划内容，因为规划主管可以验证某一类别是否组件过多，而另一类别可能数量不组。这也有助于进行风险分析，因为没有人希望风险过于聚集规划内容中的某一特定类别。第三步是组件评估，以确定是否应将其纳入规划。

根据 PMI（2013）相关内容，规划主管将应用一系列评估标准。必须注意的是，为了衡量、排序和优先处理这些组件，相关标准必须是可量化的。可用的评估标准包括财务和非财务利益、监管合规性，以及人力资源的能力和数量。必须注意的是，应尽可能将不可量化的标准转化为可量化的标准。这有助于规划主管以中肯的方式和态度做出决策。组件评估完后，下一个合乎逻辑的步骤是选择纳入规划的组件。

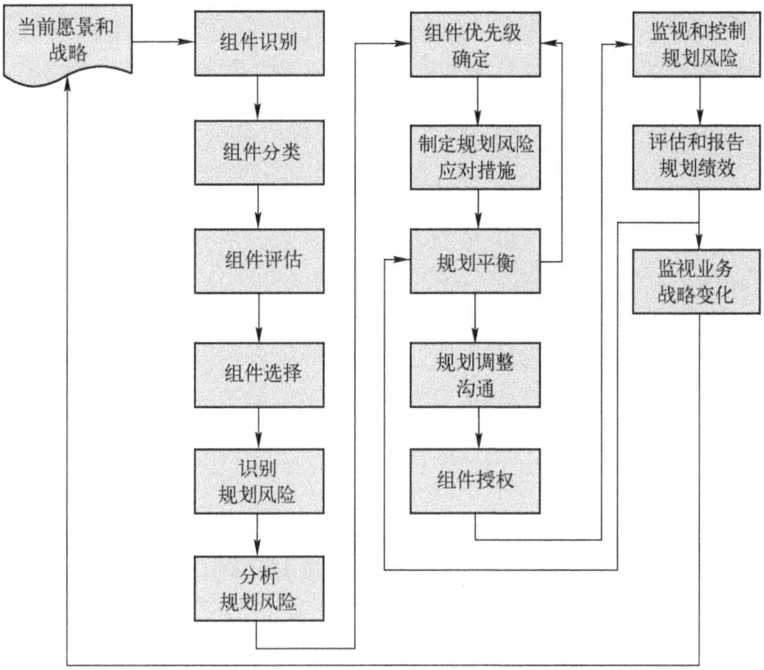

图 4-3　规划管理流程

组件的选择将取决于各种限制，如财务和人力资源的可用性。组件的选择与规划实现之间存在正相关关系。规划风险的识别包括两部分：第一部分是确定与规划本身相关的整体风险；第二部分是确定与每个单独组件相关的风险。接下来是评估每个组件的风险，并创建全面的风险规划。此风险规划的目的是确定规划的整体风险敞口。规划风险管理是将所有组件的风险放入风险池，通过增加或删除组件来调整风险。这样做的目的是维持预定和可接受的风险容忍度和风险敞口（Maynard，2015）。从风险容忍度和风险敞口的角度分析规划，可以深入了解哪些组件最终应纳入规划。规划不能损害组织的未来，应以这种理念管理风险容忍度和风险敞口。

在识别、评估、选择和确定风险敞口之后，下一步是确定组件的优先排序，以便优化规划。这种优先排序的设置必须确保实现愿景和战略。虽然优先排序是规划主管的特权，但是选择优先组件的过程必须是透明且一致的。研究表明，组件的优先排序是成功的关键因素（Beringer，Jonas 和 Kock，2013；Costantino，Di Gravio 和 Nonino，2015）。

优先排序完成后，必须为整个规划制定风险应对措施。风险应对措施是针对整个规划的，而不是针对当前规划中的个别组件。对于每个单独的组件，仍应进行风险管理。然后，根据组件的优先级和风险应对措施以及组织的多样化战略，对规划进行平衡。这些战略包括财务、组织和运营战略，规划应以这种方式进行平衡，并实现每一个战略。在平衡规划内容后，必须将规划沟通传达给整个组织。Turner 和 Lecoeuvre（2015）认为，这种沟通的目的是赢得利益相关方的支持。规划主管需要宣传其好处，并说服利益相关方将自身和资源投入规划以及各个组件中。这直接体现规划主管的沟通能力。然后，根据规划中组件的优先级，对规划组件进行授权和实施。

规划管理流程的最后一部分侧重于规划的日常管理。在这个流程中，对照规划风险敞口以及各个单独组件的表现进行持续评估。需要定期审核规划，如果有任何偏差，则必须重新评估。这种重新评估可能涉及组件的重新组织，包括组件的优先排序和平衡。如果组织的愿景和战略发生任何变化，那么规划也需要重新进行评估。

4.4 规划管理的成功

Meskendahl（2010）认为，规划管理的成功意味着其对实现组织战略做出了贡献。规划管理的成功将用以下 4 个基本标准来衡量：①规划的财务价值最大化；②实现规划与组织战略的关联；③平衡规划内的组件；④每个单独组件的成功。为了能够确认规划管理是否成功，其结果必须是可测量的，并且必须涵盖一系列全面的测量（Martinsuo 和 Lehtonen，2007；Meskendahl，2010）。贝林格等（Beringer 等，2013）也持有这种观点，他们认为规划的成功等于个别组件的成功和规划的战略契合度。根据图 4-4，项目群的成功可以分为 4 个单独的成功标准。

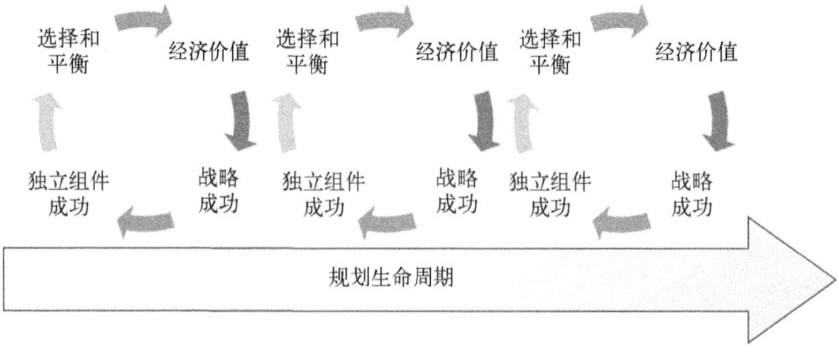

图 4-4 规划管理的成功

为了成功实现第一个标准，规划必须把组织的财务价值最大化。对于第二个标准，规划必须有助于组织整体战略的成功。对于第三个标准，规划中的各个单独组件都成功，规划才算是成功。第四个标准关注组件的选择和规划的平衡。这在前文已经讨论过。规划的成功是在一个较长的时间段内衡量的，可能涵盖几年时间。其理念是，规划应被视为一个长期且持续存在的组织，因此应像对待一个永久性组织那样来管理和评估它。马内维克（Marnewick，2014）提供了一个扩展模型，用于评估规划的成功以及影响规划成功的因素。

4.5 规划主管的职责

规划主管围绕规划管理流程中的三项主要责任展开。这三个责任是规划的建立、持续监控和管理。更细化的规划主管职责包括以下几点（De Reyck 等，2005）。

（1）定义规划的目标和宗旨。这非常重要，所有人都应明白规划的目标和预期效果是什么。这一职责涉及治理，因为它为参与规划的所有人提供指导和方向。

（2）规划的协调，包括参加各种指导委员会和其他相关会议（Blomquist 和 Müller，2006）。资源管理属于这一职责，首先关注的是资源的识别，其次是这些已识别资源的采购。规划组件的持续评估是规划协调的一部分。对规划的总体价值没有贡献的项目和计划应终止。

（3）管理规划涉及来自利益相关方的各种期望和要求。规划主管最重要的职责之一是理解、接受并做出权衡，以整体规划和组织的利益为先。

（4）如图4-1所示，风险管理在规划中发挥着重要作用。规划主管有责任识别、消除、最小化和缓解与规划相关的风险。

（5）规划的最终目标是实现组织战略。只有持续监控规划的绩效才能实现组织战略。这意味着必须确定规划组件的进度，以及这些进度是否朝着实现目标和战略的方向发展。

（6）规划主管最重要的职责是建立信任。团队以及所有利益相关方都必须对规划主管有信心。这种信心来源于规划主管能够实现规划预期目标的实际表现。

（7）规划主管还应执行一些相对琐碎的活动，这些活动并不直接与规划的管理相关，但最终有助于其成功。Blomquist 和 Müller（2006）识别了其中的一些活动，如执行行政任务和解决问题，最终提高了效率，并指导了项目和计划主管。

规划主管最终需要对规划的表现负责。为了尽可能地履行这一职责，规划主管应展现出一定的能力和技能。国际项目管理协会（IPMA）的《项目、计划与规划管理个人能力基线》(IPMA ICB®）为规划主管应具备的能力提供了指导方针（IPMA，2015）。这些能力被分为三大类别：视角能力域、人员能力域和实践能力域。

以下是根据 IPMA ICB 概述的规划管理能力。第一组能力域是“视角”能力域，主要关注规划主管如何在组织背景下看待规划。规划主管必须具备多视角能力，以解决规划的背景分析问题。第一个能力要素（战略）集中在规划主管理解并将战略转化为可管理元素上的能力。治理能力要素决定了规划主管是否能够理解和确保规划与组织内已建立的结构、系统和流程保持一致，为规划提供支持，并影响它们的管理方式。合规、标准和法规能力要素描述了规划主管如何解释和平衡对规划施加的外部和内部限制，如国家、公司或行业。规划主管需要了解权力和利益能力要素的作用，以便他或她能够识别和理解个人利益与团体利益之间的差异和关系，以及由此产生的政治和权力使用。在视角能力域内的最后一个能力要素是文化和价值观，重点是规划主管如何影响组织的文化和价值观，并最终影响规划所处的更广泛社会。这样做的目的是引导组织对规划管理持有更积极的态度。

第二组能力域是“人员”能力域，涉及规划主管的个人能力和社交能力。第一个能力要素是自我反思，这是规划主管反思自己的情感、行为和价值观，并确定自己对整个规划影响的能力。规划主管还必须表现出个人的诚信和可靠，因为缺乏这个能力要素可能导致规划失败。个人沟通能力要素是指以透明和一致的方式获取、分析和传播信息的能力。规划主管每天与各种利益相关方进行联系，因此应具备关系和参与能力要素。规划主管应通过提供指导和方向，为整个团队树立领导榜样。这种领导能力要素还包括在不同情况下选择和应用适当的管理风格的能力。规划团队由各种利益相关方组成，共同努力实现组织的战略。规划主管应具备团队合作能力要素，因为他或她需要整合团队来实现规划目标。在规划管理过程中会发生冲突和危机，重要的是，规划主管应具备这种能力要素，通过观察并为分歧提供补救措施来解决冲突和危机。谋略是规划主管的另一个能力要素，日常管理规划伴随着挑战和问题，规划主管应具备运用各种技术和思维方式来解决这些挑战和问题的能力。如前所述，规划存在各种不同的利益相关方，这些利益相关方可能有相反的意见或要求，规划主管利用谈判能力要素来平衡这些不同的意见、要求和期望。上述能力要素的共同目的是实现结果，通过所有这些能力的应用，实现了一定程度的结果导向，以便为所有相关方获得最佳结果。

第三组能力域是“实践”能力域，涵盖了规划主管的核心能力。规划主管应能够掌握此领域内的 14 个能力要素。第一种能力要素是规划设计，规划主管应充分吸纳利益相关方的需求以及组织的战略，并将它们转化为高层次的规划设计，以确保最高的成功概率。第二个能力要素（利益）关注当规划成功时应该实现的利益。并非所有计划和项目都会被纳入规划，这就是范围界定能力要素发挥作用的地方，规划主管应定义规划的具体范围以及哪些组件不被纳入规划。某些计划和项目的排除取决于对整个规划的总体平衡，如图 4-3 所示。虽然规划及其管理不一定与时间有关，但所有组件都应以优化各个组件执行的方式进行结构化。在规划、计划和项目管理领域，计划和项目被视为临时组织，而规划则被视为永久组织。规划主管的能力之一是关注规划和内部计划和项目之间的组织和信息共享。质量是规划主管应该展现出的一个重要能力。首先，质量体现在规划的组织方式上，其次，质量体现在各个组件的输出上。财务能力包括管理规划及其内部所有组件的财务资源所需的活动。一个单独的能力要素是特定资源，包括定义、获取、控制和开发实现规划成果所必需的资源。规划采购是从外部各方购买或获得货物和/或服务的过程。它包括从规划和进行必要采购到管理和关闭合同的所有相关过程。一旦选择了所有组件并确定了优先级，就必须实施它们。需要一个平衡的计划来以受控的方式实施组件。管理规划本身以及各个组件都会带来风险，规划主管必须不断分析规划的风险敞口、对组织本身的影响以及战略的实现。利益相关方的能力要素包括识别、分析、参与和管理所有利益相关方的态度和期望。计划和项目本质上会带来变革，因此规划也应该为组织带来变革，这种变革将以新开发的能力和相关利益的形式出现。变革和转型为规划主管提供了应该利用的流程、工具和技术，以帮助组织成功过渡，从而实现变革的采纳和实现。选择和平衡是“实践”能力域内的最后一个能力要素，这种能力要素侧重于评估、选择和监测规划内部各个组件的性能，以及平衡规划，以确保规划为组织持续创造最佳利益。

4.6　高管在规划管理中的作用

高管在规划管理方面的作用日益重要，因此高管们应当了解和熟知规划管理的规律及要求。因为规划管理确保了在实现战略和业务目标过程中获得均衡的观点。为此，高管需要参与到规划管理中来，或者采取以下各项助力措施以确保规划管理取得成功。

4.6.1 规划管理的标准化

组织内部必须对规划管理和规划主管的职责进行标准化。这样做的好处是团队成员会讲同样的"语言"，而且在流程和术语方面不会出现混淆。整个组织必须决定哪一种规划管理标准最符合自身的战略。这项工作最好由规划主管来决定，但高管有责任确保组织持续遵守并执行该标准，一旦采用的流程出现偏差，则应立即加以纠正。对既定标准的任何偏离都会导致不一致，从而进一步导致组织内部冲突，因为人们可能觉得自己受到了不公正的对待。

4.6.2 称职的规划主管

4.5 节重点介绍了规划主管的必备能力。规划主管在一个组织内担任高级职位，在大多数情况下，他们可能直接向高管汇报。因此，规划主管应具备管理规划的能力。高管的职责是双重的。首先，高管应鼓励和要求规划主管获得组织遵循的认证标准。尽管这种认证本身并不能使规划主管能够称职，但它向高管保证规划主管不仅了解规划管理而且属于实践者群体。其次，高管有责任确保基于规划主管的必备能力对其进行持续评估。一旦发现差距，就应采取补救措施，以增强或提高规划主管的履职能力。

4.6.3 组织战略的沟通

3.3.1 节提到，高管必须传达组织的愿景和战略。这在规划管理中变得越来越重要，因为规划直接影响并受到愿景和战略的影响。高管有义务不断确保当前的战略得到传达，并且规划符合这些战略。一旦遇到偏差，就必须采取纠正措施，高管必须对战略的实施负责。

4.6.4 组织内部政治

《实施项目规划：C 级管理层的要点》(PMI，2015) 指出，组织内部政治在规划管理中发挥着重要作用，尤其是在组件选择过程中。研究发现，规划组件的选择是基于高管和其他高级成员之间的实质性谈判，而不是遵循一个流程。该研究还表明，高管会追求自身利益，而"宠儿"项目最终会破坏正式的规划管理。高管应了解内部政治及其在规划管理中所起的负面作用。因此，实施并遵守正式的规划管理流程就变得不容置疑。不应容忍对正式流程的偏离情况，所有高管都应遵守这些流程，无论其职位高低。

4.6.5 信息管理

为了缓解内部政治的影响，必须随时提供可靠的信息，以反映规划的当前状态以及各个组件的状态。为此，应建立规划的关键绩效指标（KPI）。这些指标可以基于 4.4 节中强调的规划成功标准。高管应确定并同意这些 KPI。规划主管有责任制定衡量这些 KPI 的指标，并就此进行报告。规划管理信息应提高规划的有效性，并最大限度地减少政治影响，因为所有决策都将基于相关和准确的信息。

PMI（2015）的报告提供了更多关于高管在规划管理方面责任的深入了解，并强调高管不能置身事外，应积极参与规划管理。

4.7 小 结

本章强调了规划管理的重要性，以及它在实现组织愿景及战略中所发挥的重要作用。规划管理已成为实施战略和选择适当计划和项目以完成这一目标的既定过程。本章从规划管理的全局视角开始，介绍其构成。一般而言，规划管理包括一些基本流程，这些流程可确保实现组织战略的最佳组合。此外，本章还讨论了各种规划管理标准，以表明组织在使用标准方面有一定的选择权。最终决定可能受地域影响，一旦选定标准，组织应遵守这些流程，并避免频繁更改。根据这些标准，本章提出了一个通用的规划管理流程。这使高管能够了解规划管理的本质，而无须深入研究其细节。

下一章将讨论规划的成功以及如何衡量和认定这种成功。持续衡量规划的成功至关重要，因为组织的成功与规划的成功直接相关。规划主管在规划管理中发挥着重要作用，本章简要讨论了其必须掌握的能力。如果没有高管的支持，那么规划管理就不可能成功，本章在结尾为高管提供了一些在规划管理中发挥积极作用的指导。

4.8 参考文献

Beringer, C., Jonas, D., & Kock, A. (2013). Behavior of Internal Stakeholders in Project Portfolio Management and Its Impact on Success. International Journal of Project Management, 31(6), 830-846.

Blomquist, T., & Müller, R. (2006). Practices, Roles, and Responsibilities of Middle Managers in Program and Portfolio Management. Project Management Journal, 37(1), 52-66.

Costantino, F., Di Gravio, G., & Nonino, F. (2015). Project Selection in Project Portfolio Management: An Artificial Neural Network Model Based on Critical Success Factors. International Journal of Project Management, 33(8), 1744-1754.

De Reyck, B., Grushka-Cockayne, Y., Lockett, M., Calderini, S. R., Moura, M., & Sloper, A. (2005). The Impact of Project Portfolio Management on Information Technology Projects. International Journal of Project Management, 23(7), 524–537. http://dx.doi.org/10.1016/j.ijproman.2005.02.003.

International Organization for Standardization. (2015). ISO 21504:2015 Project, Programme, and Portfolio Management—Guidance on Portfolio Management (p. 13). Geneva, Switzerland: International Organization for Standardization.

International Project Management Association. (2015). Individual Competence Baseline for Project, Programme & Portfolio Management, Version 4. Zurich, Switzerland: International Project Management Association.

Jenner, S., & Kilford, C. (2011). Management of Portfolios. London, UK: Stationery Office.

Kilford, C. (2016). MoP® and PMI®'s Portfolio Management Guidance: Is This the Yin Yang of Portfolio Management? Axelos: London, United Kingdom. Retrieved from https://www.axelos.com/CMSPages/GetFile.aspx?guid=ef9997b5-9235-4080-8bde-c0e5cba37032.

Marnewick, C. (2014). Portfolio Management Success. In G. Levin & J. Wyzalek (Eds.), Portfolio Management: A Strategic Approach (pp. 123–148). Boca Raton, FL, USA: CRC Press.

Martinsuo, M., & Lehtonen, P. (2007). Program and Its Initiation in Practice: Development Program Initiation in a Public Consortium. International Journal of Project Management, 25(4), 337–345.

Maynard, D. A. (2015). The Accuracy of Portfolio Risk Management. In G. Levin & J. Wyzalek (Eds.), Portfolio Management: A Strategic Approach (pp. 165–174). Boca Raton, FL, USA: CRC Press.

Meskendahl, S. (2010). The Influence of Business Strategy on Project Portfolio Management and Its Success——A Conceptual Framework. International Journal of Project Management, 28(8), 807–817.

Müller, R., Martinsuo, M., & Blomquist, T. (2008). Project Portfolio Control and Portfolio Management Performance in Different Contexts. Project Management Journal, 39(3), 28–42.

Project Management Institute. (2013). The Standard for Portfolio Management (3 ed.). Newtown Square, PA, USA: Project Management Institute.

Project Management Institute. (2015). Implementing the Project Portfolio: A Vital C-Suite Focus. Newton Square, PA, USA: Project Management Institute. Retrieved from http://www.pmi.org/learning/thought-leadership/series/portfolio-management/project-portfolio-c-suite-focus.

Turner, R., &Lecoeuvre, L. (2015). Marketing the Project Portfolio. In G. Levin & J. Wyzalek (Eds.), Portfolio Management: A Strategic Approach (pp. 175–192). Boca Raton, FL, USA: CRC Press.

第5章　计划管理

整体大于各部分之和。

——亚里士多德①

在规划、计划和项目管理框架中，第二层管理是计划管理。计划管理是一个有趣的概念，因为并非总是需要制订计划。当可以通过一个项目来实现计划和/或预期成果时，组织最好启动一个项目，而不是一个计划。与项目管理相比，计划及其管理更加复杂，有时减少复杂性并分设多个独立项目可能更好。

然而，有时只有通过计划才能取得最佳效果，因此高管需要了解计划管理的重要性以及它在规划、计划和项目管理框架中的角色。本章提供了有关计划管理的必要信息，包括计划管理的概念、计划管理流程、计划主管的职责，以及高管如何衡量计划的成功。

本章首先介绍计划的概念和管理。

5.1　计划管理的概念

有一种普遍的理解，即计划由两个或多个逻辑上相互关联的项目组成。这种分组不能随意进行，目标应该是让这些分组的项目为组织带来利益，而这些利益在单独管理这些项目时是无法实现的。简而言之，一加一应该等于三或更多。如果一加一仍然等于二，那么这些项目应该作为单个项目进行管理，因为将它们组合在一起在逻辑上没有意义。与各种计划、项目和通常被认为是业务活动的其他工作组成的规划不同，计划只包括项目，在极少数情况下，可能还包括业务活动。将项目分组到计划中的关键原因是为组织带来利益。利益及其管理将在本章后面简要讨论，并在第8章中详细讨论。

必须区分由较小项目组成的大型项目和由各种相关项目组成的计划。Pellegrinelli，Partington，Hemingway，Mohdzain 和 Shah（2007）认为，当组织将

---

① 引自 http://philosiblog.com/2016/03/17/the-whole-is-more-than-the-sum-of-its-parts/。

计划视为大型项目时，它会失去最初设立计划时所追求的大部分利益。Thiry（2010）声称，可以根据模糊性和不确定性来区分项目管理和计划管理。一方面，大型或复杂项目具有很高的不确定性，应根据项目管理原则进行管理。另一方面，当存在高度模糊性时，项目定义不明确且复杂性较高，这些举措实际上被归类为计划，应根据计划管理原则进行管理（Thiry，2010）。Heaslip（2014）给出了明确的区分，他指出，计划通过依赖于不确定结果的战略来追求价值，而大型项目则通过具有可预测输出和/或结果的活动来创造价值。

计划管理被定义为“将知识、技能、工具和技术应用于计划，以满足计划的要求，并获得无法通过单独管理项目而获得的利益和控制权”（PMI，2013）。计划管理涉及多项目的协调，以实现业务目标，它还允许优化成本、进度和工作量。Artto，Martinsuo，Gemünden 和 Murtoaro（2009）认为，PMI 对计划管理的定义与任何其他定义一样好，因为它阐明了基本原则——项目被组合在一起以实现利益。从计划管理的各种定义中，可以得出以下结论：

（1）计划管理是关于多项目的管理，而不是单一项目管理。

（2）计划内的项目之间存在关联关系，这意味着所有项目的成功完成比每个单独项目的成功完成更有价值。

（3）计划管理侧重于实现利益。

（4）计划管理实现了一组业务目标，如第 3 章所述。

5.1.1 计划管理的合理性

为什么组织以及高管应该在计划和计划管理上进行投入？计划管理的合理性可以总结为以下几点。

（1）责任：计划主管是整个计划的全权负责人，这让工程、市场和其他业务主管能专心于自己的特定任务。如果计划失败，那么其他主管可以推卸责任。计划主管全权负责计划，这消除了互相推诿的情况。

（2）与组织的业务目标紧密关联：计划主管有责任实现业务目标。计划主管要确保整个计划管理团队保持专注，并提供与市场、客户和业务规划的需求一致的有益成果。

（3）进度：计划主管致力于优化计划内的不同但相关的项目。他们通过调整不同项目的进度，对这些项目进行协调。这是通过从正在顺利进行的项目中调配资源到那些急需资源的项目来实现的。计划主管通过在各项目中分配所需资源，实现了项目间的平衡。最终，这种平衡应确保计划本身能取得成功。通过平衡，资源不会被浪费，因为它们会在项目之间共享和调配，以实现资源的最优利用。

(4) 保证跨职能集成的客观性：计划主管提供了一个“中立之地”，改变了组织中的对话方式，从“什么对我的项目最有利?”转变为“什么对整个计划最有利?”

(5) 价值整合：向客户提供价值，是任何新产品和/或服务取得成功的关键。只有计划主管才能确保每个可交付成果都得到理解，并有助于实现价值主张。最重要的是，计划主管始终确保客户利益得到了体现。

(6) 可重复性：计划主管拥有权力和技能去调整计划生命周期并确保可重复性。计划主管对所有项目都有敏锐的洞察力。这使他们能确定项目内的短板，并最终确定计划内的短板。计划主管可以确保在未来同类计划中消除所有短板。这将导致计划的优化和生命周期的调整。

(7) 团队士气：计划主管应该是项目主管情绪的敏锐观察者，这些项目主管是计划的一部分。一个好的计划主管能预见问题，解决冲突，并保持项目主管团队的热情。即使在计划的最艰难阶段也能做到这一点。

(8) 管理扩展团队：计划可能涉及组织内部、战略伙伴、供应商、顾问和承包商。计划主管应该具备协作技能，并能够有效协调计划的各种贡献者。

以上说明了组织内部需要引入计划管理的原因。计划管理为组织提供了一个管理和监控业务目标实施的工具。没有计划管理，组织将不知道业务目标是否得到实施，以及是否实现了利益。

5.2 计划管理框架

计划管理框架由两部分组成。第一部分涵盖了计划管理的核心领域。这些核心领域的重点在于确定计划的范围、目标和目的，以及主管必须遵循的方法，以确保计划得以成功实施。第二部分定义了相关的流程，确保计划按照既定的参数进行。如果一组相关的项目没有被当作一个计划来管理，那么它很可能会偏离轨道，无法实现预期的成果。核心领域与流程的结合构成了计划管理框架。

5.2.1 关键领域

根据 Haughey (2001) 所述，有 8 个关键领域共同指导计划实施，并与计划管理流程一起，为计划主管提供计划管理的框架。

(1) 愿景：愿景是一种高层次战略，它推动组织向目标或预期成果发展。

(2) 目标与目的：这是一种更详细的说明，它解释了具体需要做什么。当需要恢复注意力时，它提供了一个参考点。

（3）范围：范围提供了计划的边界，并详细说明了将实现什么。

（4）设计：这是将项目组合在一起以构成计划的方式。计划主管决定哪些项目相互依赖，哪些项目可以同时运行，哪些项目必须最后运行。

（5）方法：这是计划将如何运行的方式。这完全取决于规划主管。

（6）资源管理：这着眼于计划范围内以及每个具体项目内的资源分配和使用。

（7）责任：必须确定计划涉及的每个领域，并向这些领域分配责任。计划团队的每个成员都必须清楚地了解自己的责任以及其他团队成员的责任。

（8）利益实现：这是计划结束时的一个流程。通过该流程，可以衡量计划开始时确定的利益是否实现。

5.2.2 流程

计划管理也可以分为多个流程，如图 5-1 所示。这些流程帮助组织特别是计划主管集中关注计划的特定方面。

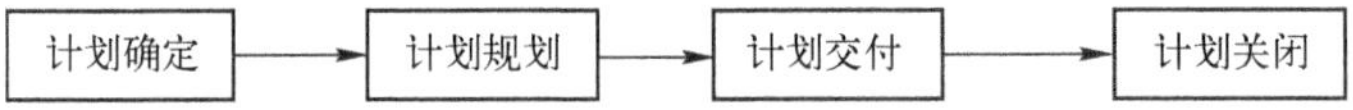

图 5-1 计划管理流程

计划管理流程介绍如下。

（1）识别确定。第 3 章解释了业务目标与计划管理之间的关系。计划用于实现特定的业务目标。业务目标源自组织战略，而组织战略又源自组织的愿景。计划确定是一个典型的短期流程，其目的是确定计划的总体范围。这一流程将引发关于愿景、预期利益、风险和估计成本、时间范围以及所需努力的初步考量，有助于确定是否应该继续该计划。这也包括制定计划任务书，明确计划的高层次要求和组织所需的利益。最初的愿景被细化为交付这一计划变革的结果所改变的组织的描述。这一阶段的活动提供了详细的信息，确定了新能力的定义、交付方式、项目运行细节、变更的实施和利益的交付，从而明确了计划的定义，并由组织决定是否正式承诺实施该计划。

（2）计划规划。如果已获得批准可以继续进行，则此过程用于任命负责计划管理和支持工作的个人，并设置程序和基础设施以支持计划。计划主管将开展以下工作。

① 明确目标。计划的所有目标都必须与业务目标的实施相关。目标的定义将使计划主管能够区分组织战略将要实现的业务目标和不会实现的业务目标。

② 与团队成员商定职责。团队由不同的项目主管组成。每个项目主管都将负责自己的项目，选择适合特定项目的项目主管很重要。一些项目主管更擅长实施变更，而其他项目主管则更擅长实施物理信息技术基础设施。

③ 商定计划项目的优先级。只有计划内的所有项目都取得成功，计划才能取得成功。同时，一些项目的优先级高于其他项目，这通常会发生在一个项目依赖于另一个项目成果的时候。

（3）计划执行。计划确定后，此流程将为计划内的不同项目提供有效的监控和管理治理架构，从而提供所需的项目输出。此流程涵盖了与项目管理的主要交互领域，并要求对计划的组成部分、与其他计划的关系以及与业务战略的接口进行积极协调。这也意味着计划文件需要定期更新和重新审查，以反映相关变更情况。计划活动、工作流和项目将提供新的能力、服务或业务运营。此流程的目的是跟踪在开始时确立的特定成果，并在计划的生命周期内推动这些成果在业务运营中实现。在整个计划期间，将在规定的里程碑处审查项目进度，并调整利益概况和利益计划以反映任何变更。此流程还管理新旧工作方式之间的过渡。必须明确分配实现成果的责任。计划主管可以使用数字展板，利用某种方法来衡量计划的总体状态。这些数字展板可提供计划的状态以及计划内各个项目的状态的概览。

（4）计划关闭。为了建立和保持实现业务目标的明确重点，计划应具有预定的终点和正式的关闭流程。这包括确认已交付定义的变更和实现的业务战略。在计划正式关闭之后，可能需要继续进行利益管理，特别是如果要实现可衡量的改进是正在进行的业务运营的一部分。必须指出，计划的生命周期超过计划内项目的生命周期。这意味着虽然项目已成功完成，但在计划可以被归类为成功或失败之前，还需要一段时间。

很明显，在一个计划中有两个时间线。第一个时间线是每个单独项目的时间线，与计划时间线相比相对较短。这清楚地说明了计划在各个项目完成后仍会继续很长时间。第二个时间线是计划的时间线，它涵盖了所有单独项目的时间线，一直延续到实现利益。关键领域也分配给每个流程。关键领域——愿景、目标和范围——是计划确定流程的一部分，这些关键领域使计划主管能够确定计划，并记录计划涵盖的业务范围，以及在计划结束时必须实现的业务战略。计划规划过程使用关键领域——设计、方法、资源和责任，将为计划提供蓝图，所有计划评估都将根据从计划方案得出的蓝图进行。第三个流程是计划交付，通过实施构成计划的所有项目来实现。如果计划主管看到其中一个项目的进度落后，他或她可以从一个项目调配资源到另一个项目。计划主管必须平衡所有项目，以便项目的总和取得成功。在计划内的一个项目可能在某种意义上是失败的，没有实现所有预期的利益，但是计划的成功不是仅通过一个项目来衡量的，而是通过所有项目的总和来衡量的。计划管理流程的最后阶段是计划关闭，这一阶段发生在所有项目完成并根据蓝图对计划的结果进行测量之后。计划的目的是实现业务目标和利益，所提供的框架使计划主管能够有效地实现这一目标。

5.3 计划管理相关标准概览

目前有两种计划管理标准可供组织使用，即《计划管理标准》(PMI，2013）和《成功的计划管理》(Sowden，2011)。国际标准化组织（ISO）目前正在制定一项计划管理标准，但尚未向公众发布。

5.3.1 计划管理标准

《计划管理标准》包括组织在实施计划时需要遵守的绩效领域。绩效领域是“一组互补的、相关的活动、关注点或功能领域，它们共同决定了计划管理全过程中，某一绩效领域的活动与其他绩效领域的活动之间的独特性”(PMI，2013)。以下是5个绩效领域。

（1）计划战略一致性：这个绩效领域确定所有项目产出和结果，以提供与组织目标和目的相一致的利益。计划的设计是为了与组织战略保持一致，并确保所承诺的利益得以实现。

（2）计划利益管理：这个绩效领域定义、创造、最大化并交付项目提供的利益。这需要通过以下流程实现：①利益识别；②利益分析和规划；③利益交付；④利益过渡；⑤利益维持。

（3）计划利益相关方参与：这个绩效领域负责识别和分析利益相关方的需求，并管理期望以及沟通，以提升利益相关方的支持。利益相关方参与领域通过三项活动进行：①利益相关方识别；②利益相关方参与规划；③利益相关方参与。

（4）计划治理：这个绩效领域使计划决策得以实施，建立支持计划的实践，并维持计划监督。计划治理涵盖了计划及其战略由支持组织定义、授权、监控和支持的系统和方法。

（5）计划生命周期管理：这个绩效领域负责管理促进有效计划定义、计划交付和计划关闭所需的计划活动。该领域展示了计划生命周期的阶段：①计划定义阶段；②计划利益交付阶段；③计划收尾阶段。

5.3.2　成功的计划管理

《成功的项目管理》(MSP®) 框架基于三个核心概念。

(1) 原则。这些原则都来自于计划管理的正面和反面的经验教训，它们是支持任何变革性成功的共同因素。这个概念包括以下 7 个原则。

① 与组织战略保持一致：即使这些战略随时间变化，计划也需要与组织战略保持一致。计划采用战略驱动因素，并使用它们来管理各自的组件和业务变革活动。

② 引领变革：计划主管充当“变革的推动者”，领导其他人完成计划交付。

③ 构想并传达更美好的未来：计划应定义一个清晰的愿景，即寻求创造的理想的未来状态，作为他们将向组织交付的转型变革的一部分。计划的愿景应在计划生命周期的早期定义，并随时间进行必要的完善。

④ 聚焦利益和风险：计划通过实现预期成果并向组织提供计划的利益来满足业务目标。这些利益应与组织的战略环境相关，以增加价值。

⑤ 增加价值：计划通过超越其组成部分和主要活动的简单总和所提供的利益，为组织增加价值。

⑥ 设计和提供连贯的能力：计划能力在方案蓝图中定义，并根据方案进行交付。控制计划范围和质量，允许计划以最小的业务影响逐步改进。

⑦ 从经验中学习：团队应从以往经验中学习，不断提高他们的技能。在计划生命周期中，在主要的审查点可以吸取、记录经验教训，并采取改进行动。

(2) 治理主题。9 个主题构成了定义组织对计划管理方法的治理或控制框架。这些主题允许组织建立正确的领导、交付团队、组织结构和控制，为成功提供最佳机会。

① 组织治理，描述了计划的总体结构以及各种角色和职责。建立有效的管理组织，对于计划的成功至关重要。

② 计划愿景，描述了当计划目标成功实现时所设想的未来状态。愿景声明描述了新的服务和改进，并用于获得利益相关方的承诺和支持。计划的愿景不得与组织愿景相混淆。

③ 与领导和利益相关方参与有关的治理，对于成功的计划至关重要，如果没有来自合适人员的充分支持，那么计划可能缺乏实现承诺利益所需的资源。

④ 利益管理，目的是明确识别利益，并将这些利益用作计划的路线图。

利益管理在第 8 章中单独讨论。

⑤ 蓝图，是组织愿景的扩展，并对未来组织进行建模。蓝图详细描述了工作实践和流程、所需的信息输入以及任何支持技术。

⑥ 方案，提供了计划实施的详细信息。一方面，它提供了有关资源、风险管理、个别项目、截止日期、约束和进度安排的信息。另一方面，控制确保计划保持正轨并交付承诺的利益，同时发生的任何变更都是顺利且有利可图的。

⑦ 计划的业务方案，旨在回答“特定计划是否值得所需投资”的问题。汇总到业务方案中的信息包括利益的价值、相关风险和估计的实现时间表。

⑧ 风险，是影响计划结果的不确定事件，无论是正面的还是负面的。问题是一个已经发生的风险。计划风险管理包括识别风险、评估这些风险、计划如何处理已识别的风险，以及以最小化风险敞口实施计划。

⑨ 质量管理，侧重于计划的有效性及其在实现战略目标方面的利益。有效的质量管理对于确保成功和全面地实现计划利益至关重要。

（3）流程迭代。这提供了一个路线图，贯穿从计划的概念到新的能力、成果和利益的交付的计划生命周期。这个核心概念包括 6 个迭代和相互关联的过程。

① 确定计划：这是触发变革的组织愿景，以及将愿景和业务目标转化为切实可行的业务概念的计划的确定。

② 定义计划：这个过程为决定是否继续该计划提供了输入。在此步骤中进行详细规划。

③ 组件管理：这个过程实施治理战略，确保能力交付与战略保持一致，并实现利益。

④ 交付能力：这个过程侧重于组件以及如何协调和管理与整体计划规划相关的每个组件的交付。

⑤ 实现利益：这个过程管理从识别到成功实现利益。

⑥ 结束计划：这个过程确保计划的正式关闭，并在蓝图中描述的所需新能力已经交付时发生。

5.4 计划主管的职责

计划主管与规划主管和项目主管的职责有所不同。计划主管的职责并不是从高级项目主管的角色自然演变而来的。这两种角色截然不同，将经验丰富的项目主管提拔到计划主管的职位上可能会造成灾难性后果（Partington，Pellegrinelli 和 Young，2005）。一个称职的计划主管能够积极影响计划的成功（Miterev，Engwall 和 Jerbrant，2016）。

国际项目管理协会（IPMA）的 IPMA ICB®确定了计划主管的必备能力，就像它确定规划主管的称职能力一样。两种主管所需的能力之间没有本质区别，区别在于所需能力的水平。计划主管通常应具备的能力总结如下（IPMA，2015；Levin 和 Ward，2011；Miterev 等，2016）。

（1）领导：计划主管应该使用各种方法来领导计划和各自的项目主管，并确保每个人都了解计划的重要性以及需要实现的目标。

（2）人际关系构建：计划主管需要积极与所有利益相关方建立关系。目的是在利益相关方和团队成员之间建立信任。

（3）谈判：各利益相关方会将各自的预设想法和信仰带入计划，这些可能与其他利益相关方的想法和信仰发生冲突。计划主管需要寻求建立双赢解决方案的方法，这可以通过谈判来实现。

（4）批判性思维：这种能力涉及使用更高层次的、分析的、抽象的以及开放性的思维，以做出更明智的决策。

（5）提供资源：计划不可避免产生冲突，计划主管必须在团队成员和利益相关方之间创造一种积极的环境，以成功实施计划。

（6）指导：计划主管领导和管理着项目主管在内的团队成员。计划主管应该鼓励和促进每个团队成员的专业发展。

（7）适应变化：计划的主要目的是在组织内实现变革。项目主管必须能够应对变革，成为变革的倡导者。

（8）沟通：计划主管应使用各种沟通技巧，与媒体和广泛的利益相关方进行沟通。沟通可能发生在高管层面，也可能发生在强技术性的层面。

（9）提炼关键信息：在计划的整个生命周期中会产生大量信息。一项重要的能力是内部处理这些信息，并以清晰简洁的方式向团队成员和利益相关方传达关键信息。

（10）灵活性：计划主管需要在处理计划内的各个项目时保持灵活，并应展现领导力和灵活性。

（11）决策：计划主管在决策方面应表现出决策能力。他们应该能够从计划一开始就做出艰难的决定，并对自己的决定充满信心。

（12）管理计划：计划主管还应在计划的启动到关闭过程中表现出称职能力，并最终实现承诺的利益。

（13）情境意识：这种能力关注计划主管如何解释和理解计划对组织的长期影响和整体意义。

（14）勇气：作为变革的倡导者，项目主管应该展现出勇气，为他们的计划和团队成员站出来辩护或争取利益。

各种能力在图 5-2 中得到体现，该图表明了计划主管必备能力的复杂性。

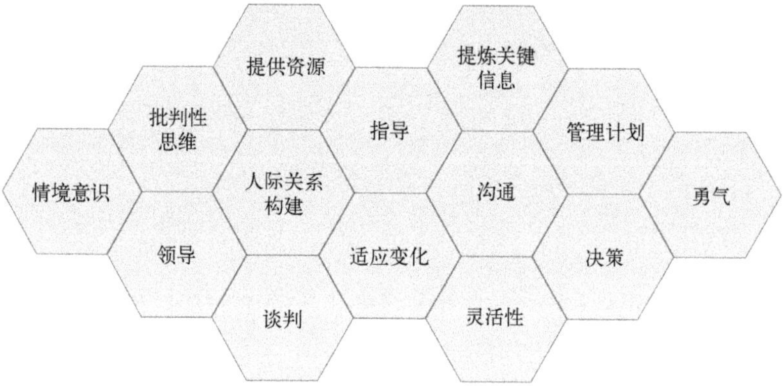

图 5-2　计划主管的能力

5.5　计划管理的成功

目前描述计划管理成功的文献很少。在《计划管理标准》中，PMI（2013）指出，计划管理委员会必须确定用来确定计划何时成功的标准。

计划管理成功的第一个标准注重利益的实现以及所有利益的最大化。这意味着一个计划的成功有时只能在计划正式关闭后衡量，因为利益是在计划正式关闭后才能实现的。将实际实现的利益与承诺或预期的利益进行比较。承诺利益与实现利益之间可能存在差异，而容差水平应作为成功标准的一部分。

规划的唯一目的是实现组织的愿景和战略，而计划专注于成功实现业务目标。因此，成功的业务目标应该是计划管理成功的第二个标准。如前所述，在第 3 章中，业务目标侧重于改变组织内部的流程。因此，从逻辑上讲，计划的成功也是基于所实现的改变。必须回答的问题是：是否确实发生了改变？改变是否足以改善内部流程？这些改进是否确实对整个组织有益？

5.6　高管在计划管理中的作用

在计划管理中，高管的作用不如在规划管理中那么明显。规划管理与组织的愿景和战略直接相关，因此高管更多地参与规划管理。计划管理侧重于战略目标，并吸引中层管理者的关注，但不一定能够吸引高管的关注。然而，高管在一些与治理相关的方面仍然发挥着重要作用。

5.6.1　计划的合理性

计划不是可以被分解成较小项目的大型项目，但计划也不仅是将几个项目随意组合在一起。计划存在的理由是将项目组合在一起，以实现一加一等于三或更多的效果。这本身给组织带来了一项责任，即确保每个计划是真实的计划，并符合计划的标准。高管必须创造一种环境，让组织在需要的时候形成计划。组织内部有计划主管，并不总是意味着应该有计划来管理。这在较小的组织中尤其造成了一种困境，因为在这些组织中可能并不总是有计划。

5.6.2　明确计划主管的职业发展路径

帕廷顿等（2005）指出，计划管理并不是迈上了晋升阶梯。他们解释说，不能把高级项目主管晋升为计划主管。之所以这么说，是因为计划主管与项目主管需要的技能和能力是不同的。这已经在 5.4 节中讨论的能力中得到体现。因此，高管必须确保规划、计划和项目主管在组织内有清晰的职业发展路径。这个职业发展路径必须满足两个方面。第一个方面是，每个路径（规划、计划和项目管理）必须与其他路径不同，这一差异应该在各级主管的角色和责任中体现出来。第二个方面是，需要考虑计划主管的职业发展路径。有些人可能无法从项目管理转向计划管理，也无法从计划管理转向规划管理。他们会卡在特定职业发展路径的最高级别，需要考虑的问题是这个级别是否足够。

5.6.3　助力计划主管成功

与精心设计的职业发展路径相辅相成的，是高管为计划主管成功提供的支持。这是通过提供培训、工具和资源来实现的。通过提供这三个基本要素，为计划主管创造了一个成功的环境。计划团队成员应长期分配到计划中，以确保发生效用。当团队成员被兼职分配给计划时，这种变化不可能发生。此外，计划主管必须精通计划管理，并应具备 5.4 节所述的正确技能和能力。这些能力必须根深蒂固。一个好的起点是为计划管理认证提供培训。

5.6.4　衡量方案的进展情况

不同于具有多种成功标准的规划，计划的成功是通过实现承诺的利益和达成业务目标（从而带来变革）来衡量的。为了实现这一目标，应该定期采取措施来确定计划的进度。PWC（2014）在全球研究报告中发现，没有对计划进行跟踪。这引发了人们的担忧，因为没有人知道计划的进度和随后的利益实现情况。为了遏制这种情况，高管应该强制执行定期的进度测量标准，并在一切不按计划进行时做出果断的决策。

5.7 小　结

本章探讨了计划管理的概念以及它在组织结构中的适用范围。首先，探讨了项目和计划的概念，并得出结论：计划不同于大型项目，在组织内具有独特的作用。接下来，讨论了管理计划的通用方法，以便组织可以实现与计划相关的预期利益和业务目标。然后，讨论了各种计划管理标准，为高管提供了有关标准和潜在认证选择的概述，以便组织进行计划管理。这为以下内容做好了铺垫，即关注计划主管在组织内以及规划、计划和项目领域中所扮演的角色。它还强调了计划主管必须掌握的技能和能力。最后，介绍了衡量计划管理成功的标准——利益实现和业务目标的达成。

本章强调了计划管理在组织中的重要性。计划管理是规划和项目管理之间的桥梁，组织不能忽视或否定计划管理的重要性。高管应熟悉计划管理，并为计划主管和整个计划管理提供所有必要的支持。尽管有各种标准和认证的计划主管，但计划管理并不一定会被视为成熟的学科。赋予计划主管权力的责任在于高管。

5.8 参考文献

Artto, K., Martinsuo, M., Gemünden, H. G., & Murtoaro, J. (2009). Foundations of Program Management: A Bibliometric View. International Journal of Project Management, 27(1), 1-18.

Haughey, D. (2001). A Perspective on Programme Management. Retrieved from http://nead.co/files/program-management-study.pdf.

Heaslip, R. J. (2014). Managing Complex Projects and Programs: How to Improve Leadership of Complex Initiatives Using a Third-Generation Approach. Hoboken, NJ, USA: John Wiley & Sons.

International Project Management Association. (2015). Individual Competence Baseline for Project, Programme & Portfolio Management, Version 4.0 (pp. 416). Zurich, Switzerland: International Project Management Association.

Levin, G., & Ward, J. L. (2011). Program Management Complexity —A Competency Model. Boca Raton, FL, USA: CRC Press.

Miterev, M., Engwall, M., & Jerbrant, A. (2016). Exploring Program Management Competences for Various Program Types. International Journal of Project Management, 34(3), 545-557.

Partington, D., Pellegrinelli, S., & Young, M. (2005). Attributes and Levels of Programme Management Competence: An Interpretive Study. International Journal of Project Management, 23(2), 87-95.

Pellegrinelli, S., Partington, D., Hemingway, C., Mohdzain, Z., & Shah, M. (2007). The Importance of Context in Programme Management: An Empirical Review of Programme Practices. International Journal of Project Management, 25(1), 41:55.

Project Management Institute. (2013). The Standard for Program Management (3 ed.). Newtown Square, PA, USA: Project Management Institute.

PWC. (2014). 4th Global Portfolio and Programme Management Survey. Retrieved from http://www.pwc.com/en_GX/gx/consulting-services/portfolio-programme-management/assets/global-ppm-survey.pdf.

Sowden, R. (2011). Managing Successful Programmes. London, UK: The Stationery Office.

Thiry, M. (2010). Program Management. Surrey, England: Gower Publishing Ltd.

第6章 项目管理

项目管理是一门创造幻象的艺术，让人以为任何结果都是由预先设定、精心策划的行为产生的，而实际上只是侥幸而已。

——哈罗德·克尔兹纳①

项目管理是规划、计划和项目管理中的第三层和基础层。没有项目管理以及相关的项目，组织注定会失败。规划和计划管理侧重于战略层面，其目标是实现组织的战略和相关的业务目标。为了实现这些目标，需要执行和管理具体项目。通过成功管理项目，最终可以实现战略和业务目标。项目提供服务或产品，组织利用这些服务或产品来实现业务目标和战略。

因此，项目管理的重要性不容忽视，高管们应该意识到它的重要性。项目管理在组织中扮演着推动者的角色，为了成功发挥作用，组织领导者应该消除所有可能影响项目成功实施的障碍。本章提供了可以用来确保项目管理成功的指导方针。首先，讨论了项目和项目管理的概念，为项目管理相关内容提供统一理解。其次，讨论了各种标准和方法论。新的方法论正在推动项目管理发生变革，特别是在信息技术领域。没有合格和称职的项目主管，项目就无法实施，6.4 节的重点是确定项目主管应具备的能力。项目管理的成熟度和项目的成功是相辅相成的，将在 6.5 节和 6.6 节中讨论。本章将帮助高管们确定成功交付项目的要求。

6.1 项目管理的概念

项目和项目管理的定义有很多。使用最广泛的定义是由项目管理协会（PMI）提出的，该定义指出项目具有临时性，并且在结束时将提供独特的产品、服务或结果（PMI，2013）。该定义首先揭示了项目必须在某个时间点停止，因为它具有临时性。其次，通过项目创建的每个产品或服务都是独一无二

① 引自 https：//gcimmarrusti. wordpress. com/pm-quotes/。

的。这将项目与运营区分开来，在运营中，产品或服务并非独一无二，而是具有重复性质。英国政府商务部（OCG）（2009）通过其 PRINCE2®方法论为项目的定义增加了另一个维度。OCG 指出，项目不仅是临时的，而且是常态化组织内部的临时组织。

项目需要根据一定的原则进行管理，因此项目管理可以定义为将知识、技能以及工具和技术应用于各种项目活动或任务，以满足项目要求（PMI，2013）。首先，项目主管必须具备管理和执行项目的知识和技能，还必须能够应用各种工具和技术（Mnkandla 和 Marnewick，2011）。其次，项目的创建涉及各种活动。再次，也是最重要的一点，必须遵守和符合某些预定的要求。

显然，正规的形式也是必需的。Al-Khouri（2015）明确指出，与不使用或忽视项目管理的组织相比，使用项目管理的组织更成功。他继续讨论了项目管理的各种好处，包括效率、客户满意度、创造竞争优势和能力建设等。Andersen（2016）认为，作为临时组织的项目应为常态化组织提供价值，这应该是项目的最终目标。

6.1.1　项目生命周期

项目生命周期是一系列项目阶段的集合，它定义了每个阶段需要执行的工作（Kloppenborg，2015；Milosevic 和 Srivannaboon，2006；Schwalbe，2010）。项目生命周期通常包括 4~6 个阶段，但这些阶段的应用因组织而异。最常见的阶段如下。

（1）概念阶段：这是项目生命周期的第一阶段，它简要描述了项目本身（Schwalbe，2010；Tummala 和 Burchett，1999）。它包括项目的可交付成果和初步成本等。此阶段着重于确定运营需求、业务驱动因素、战略计划以及其他定义项目范围和目标的因素。

（2）开发阶段：此阶段的目标是详细阐述概念或初始阶段的可交付成果（Besner 和 Hobbs，2006）。项目团队会制订详细的项目计划，由于项目团队可获取更多信息，因此可以更准确地进行成本估算和范围界定。此阶段提供深入的工作分解结构（WBS），通常可达三级深度。这有助于项目团队对项目做出更准确的假设。

（3）实施阶段：在此阶段，项目团队根据前两个阶段所指定的内容交付产品，并向利益相关方提供绩效报告（Jugdev 和 Müller，2005）。该阶段通常也是耗时最长且成本最高的阶段（Jugdev 和 Müller，2005；PMI，2013）。

（4）收尾阶段：在此阶段，客户验收发挥着重要作用（Hyväri，2006），项目所有工作都在此阶段完成（Schwalbe，2010）。已完成的产品或服务必须与原概念阶段定义的规格相符。在此阶段还要进行项目实施后审计，以衡量项目是否达到了目标和预期。

项目生命周期起着重要作用，因为它为项目主管和组织提供了一种结构化的项目管理方式。项目生命周期具体是4个阶段还是6个阶段并不重要，重要的是这些阶段涵盖了整个项目生命周期中必须完成的工作。

6.1.2 流程组

流程组通常分为5组（Marchewka，2009；PMI，2013）。这5个流程组相互依赖，并遵循每个项目的相同顺序。这5个流程组的目的是交付特定的结果，且这些流程在项目生命周期中会持续发生。

（1）启动：此流程组专注于项目或生命周期阶段的开始。它要求组织在资源方面做出承诺，如时间、经费和人员。在此过程中，定义业务需求，组织中的特定人员承担项目责任。

（2）规划：此流程组助力组织成功管理项目。规划流程组确定项目范围，并为项目内发生的活动制定成本和进度表。规划流程组应与项目规模保持一致——项目越大，需要进行的规划就越多。

（3）控制：此流程组包括定期进度报告，以确保项目团队达到项目目标。这些目标符合组织需求，以确保项目实现利益。由于项目的复杂性，控制流程组非常重要，以确保所有组件都按照规划流程组的定义实施。当发生与原始计划的偏差时，控制流程组会通知项目团队，并衡量进度。

（4）执行：协调资源旨在执行项目计划，并生产在启动阶段定义的产品或服务。组织必须为项目提供资源，以确保其成功执行。

（5）收尾：收尾流程组的目标是使项目或生命周期阶段以系统和有序的方式完成。重点应确保已实现项目可交付成果和利益。项目或生命周期阶段的正式验收也是此流程组的一部分。

6.2 项目管理相关标准概览

专业的项目管理机构有很多，其唯一目的是促进项目管理学科的发展。其工作主要通过各种出版物，尤其是项目管理标准来实现。以下这些标准是业内最为知名的标准，也有一些国家（如德国）有本国的项目管理标准。

6.2.1 项目管理知识体系指南

《项目管理知识体系指南》（PMBOK®）是一份被广泛使用的标准。这份标准由PMI出版，并主要包含以下10个知识领域，简要介绍如下。

（1）项目集成管理，主要关注项目生命周期和项目流程组所需的各种流程和活动的识别、定义、集成和协调。这个知识领域包含7类活动，即制定项目章程、制订项目管理计划、指导和管理项目工作、监控和控制项目工作、执行综合变更控制、管理项目知识和结束项目或转阶段。

（2）项目范围管理，包括确保成功交付所需的所有工作所需的活动。这个知识领域的重点是应包括哪些内容，不应包括哪些内容，包含6类活动，即范围管理规划、收集需求、定义项目范围、创建工作分解结构（WBS）、验证范围和控制范围。

（3）项目进度管理，包括按时完成项目所需的活动，包含7类活动，即管理进度规划、定义活动、排序活动、估算活动资源、估算活动持续时间、制订进度计划和控制进度。

（4）项目成本管理，涉及项目成本的规划、估算、预算、融资、资金筹措、管理和控制，以便在项目预算范围内完成项目。这个知识领域包含4类活动，即成本管理规划、估算成本、制订预算和控制成本。

（5）项目质量管理，关注项目将交付的产品或服务的质量。重点是确定质量政策、目标和责任，以满足项目的需求。这个知识领域包含3类活动，即质量管理规划、管理质量和控制质量。

（6）项目资源管理，专注于组织、管理和领导项目团队。项目团队是根据项目计划管理安排被分配到任务和活动中的人员。这个知识领域包含5类活动，即资源管理规划、获取资源、构建团队、管理团队和控制资源。

（7）项目沟通管理，确保项目信息能够及时和适当地传达给所有团队成员和利益相关方。它还涉及项目信息的收集、创建、分发、存储、检索和管理。这个知识领域包含3类活动，即沟通管理规划、进行沟通和监控沟通。

（8）项目风险管理，关注增加正面积极事件的可能性和影响，同时减少负面消极事件的可能性和影响。这个知识领域包含7类活动，即风险管理规划、识别风险、执行定性和定量风险分析、规划风险应对、监控风险和实施风险应对。

（9）项目采购管理，关注购买或获取项目团队以外所需的产品和/或服务的过程。这些产品和/或服务可以在组织内部或外部获得。项目采购管理包含4类活动，即采购管理规划、进行采购、控制采购和结束采购。

（10）项目相关方管理，包括识别能够对项目本身和项目交付成果产生正面或负面影响的个人、团体或组织的过程。这个知识领域包含4类活动，即识别相关方、规划相关方参与、管理相关方参与和监控相关方参与。

这些知识领域是相互关联的，项目主管必须精通所有这些知识领域。所有10个知识领域对于项目的成功都非常重要，没有哪个知识领域比其他知识领域更重要。这种相互关系如图6-1所示。

图6-1　PMBOK®指南知识领域

PMBOK®指南非常透彻，由10个知识领域的50个流程组成，每个流程都有输入、工具和技术以及输出。

6.2.2　APM知识体系

APM知识体系（APMBOK）由52个知识领域组成，这些领域被分为以下7个主要部分。

（1）项目管理的背景：这部分关注项目管理在组织中的定位，并处理项目管理的边界。它涵盖了规划、计划和项目管理，项目背景，项目责任人和项目办公室等通用主题。

（2）战略规划：这部分聚焦于战略。必须制订一个执行战略的计划。规划得当的项目比规划不佳的项目有更大的成功机会。该部分包括7个主题，分别是：①项目成功和利益管理；②利益相关方管理；③价值管理；④项目计划管理；⑤项目风险管理；⑥项目质量管理；⑦健康、安全和环境（HSE）

管理。

(3) 战略执行：一旦制定了战略，就需要执行。需要监督和控制项目执行的背景。对计划的变更应由正式的变更控制来管理。本部分涉及 8 个主题，即范围管理、进度安排、资源管理、预算和成本管理、变更控制、挣值管理、信息管理和问题管理。

(4) 技术：根据 APMBOK，可使用一些技术来支持项目的成功实施。项目主管可以决定哪些技术适用，但 APMBOK 中的技术包括需求管理、开发、估算、技术管理、价值工程、建模和测试，以及配置管理。

(5) 商业和贸易：商业和贸易环境的重要性应该予以考虑。该环境要么由项目本身决定，要么由组织的标准做法强行决定。本部分涉及以下方面：业务方案、项目及其可交付成果的营销、项目的融资和资助、采购和法律意识。

(6) 组织和治理：项目的角色和责任应以结构化的方式予以明确。这种角色和责任的结构涵盖项目生命周期和组织层次结构。主题包括项目生命周期的重要性、需求和业务方案的确定、项目规划和项目管理计划的制定、实现和交付计划，以及将可交付成果投入运营使用。

(7) 人员和专业：APMBOK 强调人员和他们在项目中所扮演的角色的重要性。工作是由人完成的，项目的最终成功取决于项目内的人员。APMBOK 强调的重要因素包括沟通、团队合作、领导力、沟通管理、谈判、人力资源管理、行为特征、学习和发展，以及专业精神和道德规范。

图 6-2 提供了知识体系的布局。

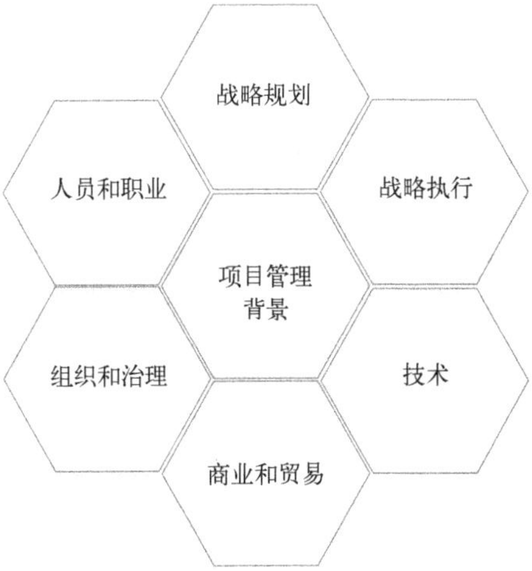

图 6-2　APM 知识主体（APMBOK）主要部分

最后讨论的标准是国际标准化组织（ISO®）的 ISO 21500。

6.2.3 ISO 项目管理指南

ISO 21500：2012《项目管理指南》为项目管理提供了指导，可以用于任何类型的组织和任何类型的项目，无论项目的复杂性、规模或持续时间如何。这个 ISO 标准与 PMBOK®指南相似，但没有工具和技术部分。该标准由两大部分组成。第一部分讨论项目管理概念。共有 12 个概念，从项目和项目管理的概述到项目约束。第二部分讨论项目管理流程。与 PMBOK®指南一样，40 个流程被分为 10 个主题组。这 10 个主题组大致代表了 PMBOK®指南的 10 个知识领域。这 40 个流程被分为 5 个流程组。

6.3 方　法　论

方法论可以被定义为在特定项目中实施过程所遵循的程序（Lewis，2000）。这些程序可能包括必须填写的表格和/或模板、各种项目会议和变更审批程序。Bal 和 Teo（2001）认为，方法论是程序、技术、工具和文档的集合，可以帮助项目主管实施项目。Phillips，Bothell 和 Snead（2002）认为，方法论是一个与项目范围、项目规模、项目所用工具和参与项目的人员无关的成功过程。方法论是一个可重复的过程，包括项目特定的方法、最佳实践、规则、指南、模板、检查表和其他特性，用于构建便于管理的质量系统，并为组织创造价值（Murch，2005）。

6.3.1 受控环境下的项目管理

受控环境下的项目管理（PRINCE2®）是一种面向过程的项目管理方法论，包含 4 个综合要素。这些要素包括原则、主题、过程和项目环境本身。

（1）原则：该方法论包含有 7 条指导原则，所有原则都必须执行，否则项目就不能被视为 PRINCE2 项目。这些原则为良好实践提供了基础，可以总结为：①持续的业务判断；②从经验中学习；③明确职责和角色；④分阶段管理；⑤例外管理；⑥以产品为重点；⑦根据项目环境进行裁剪。

（2）主题：项目管理在整个项目中应该解决的 7 个主题内容，包括：①业务方案；②组织；③质量；④计划；⑤风险；⑥变更；⑦进展。

（3）过程：过程的目的是完成一个特定的目标。PRINCE2 有 7 个过程，包括：①启动项目；②指导项目；③初始化项目；④阶段控制；⑤产品交付管理；⑥阶段边界管理；⑦项目收尾。

（4）项目环境。PRINCE2并非一种通用的解决方案，需要根据每个新项目进行调整和定制。调整将根据项目类型和环境以及项目本身的大小来进行。调整并不意味着忽略任何原则、主题或过程。这些要素必须仍然保留，但要根据项目的需要进行调整。

图6-3提供了PRINCE2包含的4个综合要素的高级视图。

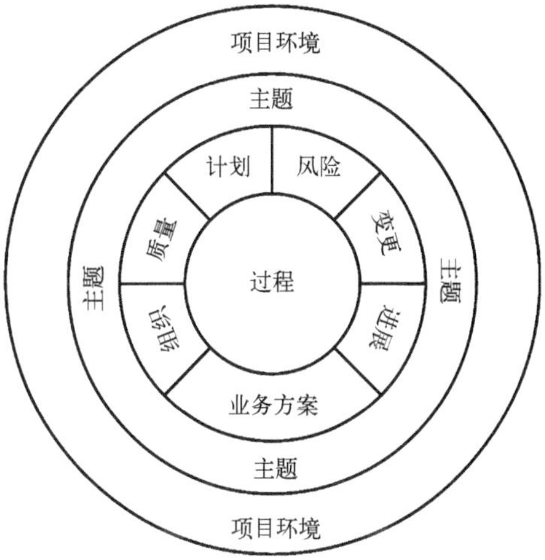

图6-3 PRINCE2®结构

组织领导希望同时也需要提升组织总体的绩效。其中的方法之一是提高大型组织内部某些部门或领域的效率。应使用项目管理成熟度和相关模型来提高组织内部项目管理的效率。

6.4 人才管理

有助于成熟度的关键因素之一是项目团队成员。项目团队由各种掌握专业知识的个人组成，这些知识对于完成一些对项目最终交付做出贡献的任务或活动至关重要。项目团队中的关键成员之一是项目主管。本节概述了项目主管必须具备的能力。

项目主管应该努力通过学习获得知识，通过实践获得技能，通过培训获得技术（Mnkandla和Marnewick，2011）。很明显，项目主管应该具备各种能力，这些能力是通过教育、培训和实践等各种渠道获得的。对一个称职的项目主管的需求是有据可查的。Kaklauskas，Amaratunga和Lill（2010）认为，项目成功与项目主管的能力之间存在关联。根据Marnewick和Labuschagne（2010）

的观点，项目主管的能力本身就是项目成功交付的一个因素。尽管组织在选择称职的项目主管时有一定之规，但他们有责任确定特定项目所需的具体能力。然而，后一种能力仍然难以量化。

项目管理作为一种专业已经产生了许多框架，这些框架定义了该学科的范围，并描述了其工具、技术和概念（Chen，Partington 和 Wang，2008）。能力框架和标准的制定有一个特定的目的——评估、发展和重新评估项目主管的能力。这个过程应该是持续的，项目主管本身应该接受这个过程，提高他们自己的能力。本节讨论了三个主要的项目管理能力标准——全球项目绩效标准联盟（GAPPS）、项目管理能力开发框架（PMCDF）和个人能力基线（ICB®）。

6.4.1 全球项目绩效标准联盟

GAPPS 是一个由政府、行业、专业协会和培训/学术机构组成的联盟，致力于开发全球适用的项目管理能力标准、框架和映射。GAPPS 项目主管标准是以基于绩效维度的格式编写的。该标准确定了 6 个能力单元，如表 6-1 所列。

表 6-1　全球项目绩效标准联盟

单　元	名　称
PM01	管理利益相关方的关系
PM02	管理项目计划的制定
PM03	管理项目进度
PM04	管理产品验收
PM05	管理项目过渡
PM06	评价和提高项目绩效

第一个能力单元侧重于管理与各种项目相关方的关系。重点是在项目期间管理利益相关方关系所需的内容（GAPPS，2007）。本能力单元的目的是展示在确保在整个项目生命周期中以及时和适当的方式识别所有相关个人和组织的能力。

第二个能力单元侧重于项目主管制定项目计划所需的能力。本单元包括确定项目范围、识别风险和确认项目成功标准等方面。

第三个能力单元侧重于项目主管管理项目进度的能力。能力的要素包括对项目绩效的监督、评估和控制。项目主管还应表现出监控风险的能力。

第四个能力单元侧重于项目的最终产品或服务，并确保其被PM01所识别的所有相关方所接受。主要胜任力是确保最终产品或服务被相关方接受。

第五个能力单元侧重于项目的各个阶段和周期。重点是从一个阶段到另一个阶段的过渡，以及项目在结束时如何收尾。

第六个能力单元，也是最后一个单元，侧重于项目绩效的评估和改进。能力侧重于评估计划的制定，根据该计划对项目进行评估，并总结经验教训。

6.4.2 项目管理能力开发框架

PMCDF提供了一个项目主管必备能力的整体视图（PMI，2017b）。该框架还定义了能力的关键维度，并确定了最有可能影响项目成功的那些能力（Pellegrinelli和Garagna，2009）。该框架由以下部分组成：

（1）3个项目管理能力域，即知识、绩效和个人。

（2）知识和绩效能力域，借鉴了PMBOK®指南（PMI，2013）中概述的10个知识领域以及5个项目管理过程组。

绩效能力集中在PMBOK®指南的10个知识领域。项目主管应该胜任PMBOK®指南中描述的每一个活动或过程。

根据PMI（2017b），个人能力侧重于项目主管的“行为、态度和个性特征”，确定了6个能力单元（PMI，2017b）：

① 沟通，侧重于使用合适的方法与利益相关方交换准确、适当和相关的信息。

② 领导，引导、启发和激励团队成员以及项目相关方实现项目目标。

③ 有效地调配和使用人力、财力、物力、智力和无形资源。

④ 在不断变化和发展的环境中，运用适当的感知、辨别和判断能力来有效地指导一个项目，是认知能力中的重点。

⑤ 有效性，重点是通过在所有项目管理活动中应用技能、知识和工具来产生预期的结果。

⑥ 职业精神，主要是对责任、尊重、公平和诚实的遵守程度。

6.4.3 个人能力基线

IPMA ICB®详细描述了项目主管所需的知识、经验和个人态度（Caupin等，2006；Ghosh等，2012）。此外，ICB还包括关于项目管理概念的知识体系，并针对每个知识主题提供可细化的要求，以及与良好项目管理相关的具体行为准则（Aitken和Crawford，2008）。ICB将现代项目主管所需技能分为29个要素，并按照以下三个能力域进行组织（IPMA，2015）：人员能力域定义了实现项目成功所需的个人能力和社交能力；实践能力域定义了管理项目技术方面的要求；视野能力域定义了在更广泛和跨项目环境中导航所需的环境意识和应变能力。

人员能力域包括以下 10 个能力：

（1）自我反思能力，关注于项目主管认识、反思和理解自身情感、行为和价值观，以及对项目绩效影响的能力。与此同时，自我管理是项目主管设定个人目标并验证进展的能力。

（2）诚信和可靠能力，缺乏这些能力可能导致预定项目结果的失败。

（3）个人沟通能力，侧重于信息交换以及向所有相关利益相关方准确和一致地传递项目信息。

（4）关系和参与能力，侧重于建立个人关系，这是建立富有成效的合作、个人参与和承诺的基础。该能力由同情心、信任、自信和沟通技巧来强化。

（5）领导能力，为个体和团队提供方向和指导。这种能力侧重于在不同情况下选择和运用适当的管理风格。

（6）团队合作能力，侧重于通过组建、支持和领导团队来建立高效的团队。团队沟通和团队关系是成功团队合作的最重要能力。

（7）冲突和危机能力，包括通过观察环境来调解和解决冲突。

（8）谋略能力，是运用各种技术和思维方式来定义、分析、优先处理以及寻找和解决挑战和问题的替代方案的能力。

（9）谈判能力，即项目主管必须擅长谈判。重点是平衡不同的利益、需求和期望，以达成共同协议和承诺，同时维持积极的工作关系。

（10）结果导向能力，是项目主管对项目结果保持的关键焦点。个人会优先考虑手段和资源，以克服问题、挑战和障碍，以便为所有涉及的各方获得最佳结果。结果始终是讨论的前沿，团队则朝着这些结果努力。

实践能力域包括以下 12 个能力：

（1）项目设计能力，关注项目主管如何解读组织的需求、愿望和影响，并将其转化为详细的项目设计。

（2）需求和目标能力，描述了项目存在的合理性。重点是需要实现的目标、需要实现的利益以及需要满足的利益相关方要求。

（3）范围能力，定义了项目的具体重点。项目主管应能够描述产出、成果和利益，以及生产项目产品或服务所需的工作。

（4）时间能力，包括识别和安排项目的所有组成部分，以优化其执行。

（5）组织和信息能力，包括确定各种角色和责任以及项目内部的有效信息交流。

（6）质量能力，侧重于项目管理的质量以及项目本身可交付产品的质量。

（7）财务能力，包括估计、规划、支出和控制财务资源的活动。项目主管必须在项目的财务方面表现出能力。

（8）资源能力，包括定义、获取、控制和发展实现项目成果所需的资源。

（9）采购能力，是从外部各方为项目本身获取货物和/或服务的过程。项目主管应擅长采购规划和合同管理。

（10）计划和控制能力，确定项目主管制定平衡计划并以受控方式执行该计划的能力。

（11）风险和机会能力，包括识别、评估、规划和实施风险和机会控制的能力。风险和机会管理帮助决策者做出明智的选择，确定行动的优先顺序，并区分不同的行动方案。风险和机会管理是一个持续的过程，贯穿于项目的整个生命周期。

（12）利益相关方能力，侧重于管理和协调所有利益相关方。项目主管应不断地修订、监控并根据其对项目的影响采取行动。

视野能力域包括以下 5 个能力：

（1）战略能力，描述了项目主管如何理解并通过项目将其转化为可管理元素的战略。

（2）治理、结构和流程能力，定义了对组织提供的支持项目的既定结构、系统和流程的理解和对齐。这些结构、系统和流程影响项目的组织、实施和管理方式。

（3）合规、标准和法规能力，描述了项目主管如何遵守特定国家、组织或行业的内外部法规标准。

（4）权力和利益能力，描述了项目主管如何认识和理解非正式的个人和群体利益，以及由此产生的政治和权力使用。

（5）文化和价值观能力，描述了项目主管如何处理组织文化和价值观对项目的影响。

PMI 的 PMCDF 和 IPMA 的 ICB 主要是根据属性维度开发的，而 GAPPS 的标准主要是根据绩效域开发的（Bredillet，Tywoniak 和 Dwivedula，2015）。评估的重点是个体的作用、所需的知识、任务和技能，以及他们在工作中所做的工作。

2013 年 KPMG 进行的一项研究指出，遵循项目管理方法论的项目主管与项目的成功交付之间存在正相关关系（Barlow 等，2013）。然而，当开始分析构成项目成功的因素以及哪些因素有助于项目成功时，问题就出现了。这是因为“项目成功”这一概念在不同的组织和背景下可能有不同的解读和衡量标准。有些组织可能认为项目按时完成和预算内完成即为成功，而其他组织可能还会考虑项目对组织战略目标的影响、客户满意度、项目的创新性和长远利益。

此外，成功项目的贡献因素也是多元化的。它们可能包括有效的项目管理、团队协作、高管的支持、组织文化的适应性、技术熟练程度、资源分配、风险管理等。这些因素之间也可能相互作用，共同影响项目的成功。

因此，对于项目主管来说，了解并适应这些不同的成功标准和贡献因素至关重要。他们需要在项目的规划、执行和监控过程中不断审视和调整策略，确保项目能在各个方面达到预期的目标。同时，项目主管还需要与项目团队、利益相关方和其他组织部门密切合作，共同为项目的成功努力。

综上所述，项目成功并不是一个简单的目标，而是一个需要综合考虑多个因素和维度的复杂过程。项目主管在这一过程中扮演着至关重要的角色，他们需要不断学习和提升自己的能力，以更好地应对项目管理中的各种挑战。

6.5 项目管理成熟度

通常来讲，“成熟”意味着自然发展或成长中的完整性。当这种成熟的概念应用于项目管理时，它包含两层意思：一是，项目管理曾经存在或存在一种破碎的或不完整的状态；二是，项目管理可以从这种不完整中恢复，达到完全的完整点。从本质上讲，这个概念意味着组织内的项目管理学科可以从一个破碎的状态发展到项目管理被视为完整的状态。问题在于是否存在一个完全的完整性或成熟性的点。

项目管理包括各种流程，这些流程需要有效且高效地执行（Backlund，Chronéer 和 Sundqvist，2014）。因此，项目管理成熟度侧重于这些流程以及它们如何得到优化。Backlund 等（2014）认为，具有更高项目管理成熟度的组织更为成功。Pasian（2014）也认为，组织能力提升是标准化流程成熟度提高的直接结果。项目管理成熟度模型（PMMM）用于衡量组织在项目管理流程方面的成熟度。这种测量是一个连续的过程，其中：首先是确定当前的成熟度水平；而后是确定哪些流程可以得到改进。根据测量结果实施改进，然后整个过程再次开始。目标是从不完整的级别移动到完整的级别。

项目管理成熟度模型是一种可以用来衡量项目管理成熟度的工具。据Jugdev和Thomas（2002）所述，这些模型为组织提供了一个能力开发框架，以便成功交付项目。衡量成熟度的好处在于它设定了方向，最重要的是，它引发了一场组织文化变革，注重改善项目的执行方式（Backlund等，2014）。Pasian（2014）评论认为，组织领导者应该使用项目管理成熟度模型来评估成熟度方面的进展，因为这些模型提供了一种系统的方法来进行基准测试，从而能够为寻求持续改进的组织增加价值。

6.6　项目成功

第2章介绍了项目成功的概念及其与项目管理价值的关系。本节讨论现阶段关于项目成功的认识，如何定义项目成功，如何衡量项目成功，以及哪些组织因素有助于项目成功。

6.6.1　项目成功视角

自项目管理产生以来，项目成功与否通常是根据成本、时间和范围的“铁三角”关系来衡量的。尽管这看起来有些过时，但每一本教科书或文献都会将这些约束条件作为衡量项目成功的基础。这种观点主要关注项目的产品或服务是否在这些约束条件下完成。在项目管理界，有人呼吁以现代化的方式来评估项目成功。其观点认为，项目的成功取决于以下因素，例如：产品或服务对组织的长期利益；产品或服务是否被客户实际使用；最终产品或服务是否有助于组织的战略成功。巴纳曼（2008）总结了所有这些新观点，并提议项目成功应该在5个层面来评估。

（1）流程成功：这一层面确定是否采用特定领域的技术和管理流程、方法、工具和技术来实现项目目标。

（2）项目管理成功：这一层面的重点是项目设计参数或目标，如时间、成本或范围。

（3）产品成功：这一层面的成功以项目的主要交付成果为衡量标准，重点是产品规格是否达标，或用户是否接受该产品。

（4）业务成功：这一层面的成功取决于推动投资的组织目标是否已实现。

（5）战略成功：这一层面衡量组织是否从项目投资中获得扩张或其他战

略优势，无论这些优势是预期的还是新产生的。

从项目成功度量的三重约束到更复杂的项目成功度量的演变过程非常缓慢。确定项目成功的方式已经改变，并将在今后继续改变。

6.6.2 项目成功标准

项目的成功取决于如何对其进行衡量。如果一个项目仅基于时间和成本来衡量，那么它可能在这些指标上达到了预期，但在战略成功方面却可能失败。因此，组织领导者必须预先确定如何衡量项目的成功。

继续按照5个层面来衡量项目成功，以下指标可用于确定项目的成功。

（1）第一组成功指标着重于所遵循的项目管理流程。重点在于是否选择了适当的技术和管理流程，以及这些流程是否得到了整合。这与项目管理成熟度的概念密切相关。

（2）第二组指标关注的是三重约束，即项目应在规定的时间、预算和范围内完成。

（3）第三组指标关注的是可交付成果本身，无论项目成功是服务还是产品。重点应该在于：是否满足了所有规格、要求和用户期望；最终产品或服务是否已被用户接受；用户是否实际使用了产品或服务。

（4）第四组指标侧重于业务成功，并强调是否实现了所有利益，以及业务战略和目标是否得以实现。

（5）第五组指标关注整个组织，并判断可交付成果是否对组织的整体发展有所贡献。

必须注意的是，对于每个指标，都必须制定切实的衡量方法。建议在项目主管可以灵活操作项目的测量范围内提供上下限。

6.6.3 项目成功影响因素

需要回答的问题是，什么对项目成功有贡献，或者组织领导者如何确保项目能够成功交付。关于项目成功因素的文献很多，现将其归纳如下（Berssaneti 和 Carvalho，2015；Camilleri，2011；Joseph 和 Marnewick，2014；Joslin 和 Müller，2015；Marnewick，2012；Todorovic 等，2015）。

（1）对变化的充分处理：项目通过产品或服务给组织带来变化。当涉及变化时，有两个方面需要注意。第一个方面侧重于组织本身如何应对引入的变化。第二个方面关注的是项目主管处理项目环境变化的能力。

（2）良好的沟通：沟通被认为是项目成功的关键，因为所有的标准和方法都有知识聚焦沟通领域。沟通在项目中是至关重要的，因为它可以解决各种问题和关注点。沟通让项目团队能够理解需求、解决冲突、定义项目目标等。

(3) 主管能力充足：一位称职的项目主管对项目成功有重大贡献。正如在 6.4 节中所看到的，项目主管的能力取决于各种级别和维度。

(4) 高管积极支持：高管在项目成功中发挥着重要支持性作用，无论是作为责任人还是拥护者。作为责任人，高管会为项目提供政治影响力和财务支持。有关责任人作用的更多详细信息将在第 12 章中讨论。

(5) 清晰的业务战略：第 3 章强调了项目是实现组织愿景和战略的工具。当战略定义不清时，几乎无法确定项目的目标和方向。如果项目无法按战略实施，那么肯定会失败。

(6) 明确的需求定义：项目的成功基于产品或服务是否满足用户和整个组织的需求。通过适当的沟通和需求工程，可以实现明确的需求（国际商业分析研究所，2009；Marnewick，Pretorius 和 Pretorius，2014）。明确的需求可以消除歧义，确保每个团队成员都了解需要做什么。

(7) 用户频繁参与：用户等相关方提供需求，因此是项目开始时需求的起源。但这并不意味着他们在整个项目生命周期中不应该参与。需求在项目生命周期中会发生变化，这是由于组织和环境的变化。当对最终产品或服务不满意时，经常让用户参与其中，可以确保这些变化在整个过程中得到体现，而不只是在交付后。引入敏捷原则，可以强化用户的频繁参与。

(8) 规范化方法：遵守标准和方法中规定的最佳实践可以确保项目比不遵守最佳实践的情况能更成功地交付。遵守正式标准和方法，还允许组织领导者确定与这些最佳实践的偏差。

(9) 范围最小化：范围是增加项目复杂性的一个方面。范围越大，项目就越复杂，项目失败的可能性就越大。因此，建议组织领导者将项目的范围保持在最低限度。存在一个细微的平衡，即什么是最低限度，什么是奢侈需求。这只能通过沟通和清晰的需求来确定。

(10) 现实的估计：当想到估计时，人们会想到时间和成本。虽然这些都是一些重要的估计，但每个用于确定项目成功的成功标准都需要有现实的估计。估计项目的交付成果将提高生产率 50%是没有意义的，更现实的估计显然是 20%。

项目成功、项目成功标准和成功因素之间的关系如图 6-4 所示。项目的成功需要在一个连续体中进行测量，每个级别都应该有自己的成功标准。有助于项目成功的因素需要纳入项目生命周期，以提高项目成功的机会。

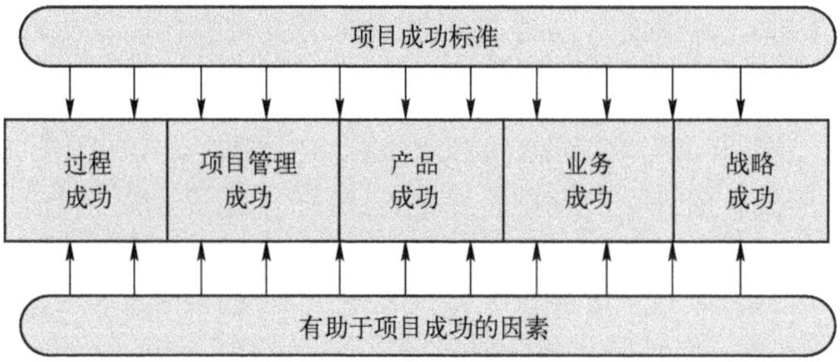

图 6-4　项目成功视图

6.7　高管在项目管理中的作用

高管在项目管理中的作用非常重要，因为高管的支持已被确定为项目成功的必要因素。高管们应注意自己在项目管理中的重要性。他们在规划和计划管理中的角色更偏重于治理，但在项目管理中，特别是当高管成为项目的责任人时，角色应转变为更具操作性的角色。

6.7.1　坚持最佳实践

存在多种可用于管理组织内项目的标准和方法论。鉴于项目主管要么接受过不同的正式项目管理培训，要么是非正式的，每个人对于使用哪种标准或方法论都会有自己的想法。因此，组织必须采用并坚持一个标准或方法论，这一举措应由高管层推动。国家或组织类型等因素都会影响这一决定，但项目主管的绩效和能力最终是根据所选择的标准或方法论来衡量的。因此，采用确定的标准处理各种潜在问题和关切，是合乎逻辑的。

6.7.2　提高项目管理成熟度

成熟的项目管理流程会提高项目的成功率，并最终提高组织的业绩。提高项目管理的成熟度，是一个持续的过程。高管应鼓励追求这种持续改进。6.5 节中描述的过程非常耗时，关键参与者需要花费时间分析流程，而不是忙于日常工作。高管应支持这一努力，允许这些流程实施，或者这应该是项目主管改进项目管理成熟度的应有之责。因为项目管理成熟度模型包括整个组织，所以高管还应提供全组织范围的支持以改进它。当存在障碍时，高管应该消除这些障碍，因为项目主管自己不具备此种能力。高管应该具有长远的眼光，在组织中开发项目管理能力和技能。只有这样，项目管理成熟度才能得到改善

(Backlund 等，2014)。

6.7.3 把项目管理作为文化融入组织内部

组织正在进入一个项目管理发挥更重要作用的时代。项目管理的模式正在向项目化转变，其在完成日常活动中的重要性日益突出。这种对项目管理的重视具有挑战性，因为每个人都需要理解项目管理及与其相关的一切。这需要一种完全不同的文化，其核心是实施项目管理和坚持最佳实践。高管应确保项目管理扎根于组织之中，并提供各种要素以完成这一目标。Fernandes，Ward 和 Araujo（2015）建议高管可以采取 32 项行动或活动，在组织中嵌入项目管理，并改变组织文化以适应项目化。

6.7.4 从三重约束走向战略成功

高管是组织的领导者，因此他们应该引领衡量项目成功的方式。高管应该接受这一观念，即项目成功的衡量不再仅仅基于时间、成本和范围的三重约束。新的成功衡量方式是基于正确执行项目的连续性，并确保可交付成果为组织的整体成功做出贡献。因此，高管应该强制执行这种新的思维方式，让参与项目的每个人都为项目成功做贡献。每个项目的成功都必须根据预定的标准来衡量，更重要的是，应该允许对标准的偏离或变更。

6.7.5 项目主管职业路径

与规划和计划管理一样，组织内应该存在明确的职业发展路径。这条职业发展路径应该与组织的整体项目管理成熟度相一致。当组织的大多数项目主管都是初级项目主管时，组织不能宣称自己很成熟。初级项目主管和有经验的项目主管之间应该有一个平衡。各个层级的项目主管都应有明确的称职能力要求，例如，所有项目主管都应具备处理冲突的能力，但高级项目主管的胜任能力应比初级项目主管更高。因此，高管应该为每个项目管理层级的称职能力提供不同级别的能力标准。

6.8 小　　结

本章重点讨论了项目管理的重要性。组织领导者利用项目来实施组织的愿景和战略。如果没有项目管理，这一目标将难以实现。本章介绍了项目和项目管理的概念，以及成功管理项目所需的阶段和流程。这些流程是通用的，应根据组织的需要进行调整。应使用规范化的标准和方法论来做到这一点。本章讨论了三种标准和一种方法论。这些标准似乎涉及相同的知识领域，但各自对某些方面的关注或强调内容不同。高管的任务是确定组织应遵循哪种标准。

两个相辅相成的概念是项目主管的能力和项目管理成熟度。本章根据三个能力框架——GAPPS、ICB 和 PMCDF，讨论了项目管理能力。这三个框架概括了成功的项目主管应掌握的能力。另一方面，项目管理成熟度关注的是整个组织，而不是单个项目主管。焦点是组织在项目管理方面的状况，以及应该采取什么措施才能使组织达到特定的成熟度水平。此外，还讨论了项目成功的概念。这里的重点应是项目的整体成功，而不仅是原来的三重约束。本章最后总结了高管在推动项目管理融入组织时所应发挥的作用。

本章强调了项目管理在组织中的重要性。如果缺少项目管理的辅助措施，那么项目管理本身也不会取得多大成就。本章讨论了这些辅助措施，高管应致力于提供有利于项目管理的环境。

6.9 参考文献

Aitken, A., & Crawford, L. (2008). Senior Management Perceptions of Effective Project Manager Behavior: An Exploration of a Core Set of Behaviors for Superior Project Managers. Paper presented at the Project Management Institute (PMI) Research Conference, Warsaw, Poland.

Al-Khouri, A. M. (2015). Program Management of Technology Endeavours. London, UK: Palgrave Macmillan.

Andersen, E. S. (2016). Do Project Managers Have Different Perspectives on Project Management? International Journal of Project Management, 34(1), 58-65.

Association for Project Management. (2006). APM Body of Knowledge (5 ed.). Buckinghamshire, UK: Association for Project Management.

Backlund, F., Chronéer, D., & Sundqvist, E. (2014). Project Management Maturity Models—A Critical Review: A Case Study within Swedish Engineering and Construction Organizations. Procedia—Social and Behavioral Sciences, 119(0), 837-846.

Bal, J., & Teo, P. K. (2001). Implementing Virtual Teamworking: Part 3—A Methodology for Introducing Virtual Teamworking. Logistics Information Management, 14(4), 276-292.

Bannerman, P. L. (2008). Defining Project Success: A Multilevel Framework. Paper presented at the PMI Research Conference: Defining the Future of Project Management, Warsaw, Poland.

Barlow, G., Woolley, P., Rutherford, L., & Conradie, C. (2013). KPMG Project Management Survey Report 2013. Retrieved from http://img.scoop.co.nz/media/pdfs/1307/KPMG_Project_Management_Survey_Report_2013_MedRes.pdf.

Berssaneti, F. T., & Carvalho, M. M. (2015). Identification of Variables that Impact Project Success in Brazilian Companies. International Journal of Project Management, 33(3), 638-649.

Besner, C., & Hobbs, B. (2006). The Perceived Value and Potential Contribution of Project Management Practices to Project Success. Project Management Journal, 37(3), 12.

Bredillet, C., Tywoniak, S., & Dwivedula, R. (2015). What Is a Good Project Manager? An Aristotelian Perspective. International Journal of Project Management, 33(2), 254–266.

Camilleri, E. (2011). Project Success: Critical Factors and Behaviours. London, UK: Gower Publishing.

Caupin, G., Knoepfel, H., Koch, G., Pannenbäcker, K., Pérez-Polo, F., & Seabury, C. (2006). ICB: IPMA Competence Baseline, Version 3. Nijkerk, Netherlands: International Project Management Association.

Chen, P., Partington, D., & Wang, J. N. (2008). Conceptual Determinants of Construction Project Management Competence: A Chinese Perspective. International Journal of Project Management, 26(6), 655–664.

Fernandes, G., Ward, S., & Araújo, M. (2015). Improving and Embedding Project Management Practice in Organisations—A Qualitative Study. International Journal of Project Management, 33(5), 1052–1067.

Ghosh, S., Forrest, D., DiNetta, T., Wolfe, B., & Lambert, D. C. (2012). Enhance PMBOK® by Comparing it with P2M, ICB, PRINCE2, APM and Scrum Project Management Standards. PM World Today, XIV(I), 1–77.

Global Alliance for Project Performance Standards. (2007). A Framework for Performance Based Competency Standards for Global Level 1 and 2 Project Managers. Sydney, Australia: Global Alliance for Project Performance Standards.

Hyväri, I. (2006). Success of Projects in Different Organizational Conditions. Project Management Journal, 37(4), 31–41.

International Institute of Business Analysis™. (2009). A Guide to the Business Analysis Body of Knowledge®(BABOK® Guide) (2 ed.). Toronto, Canada: International Institute of Business Analysis.

International Project Management Association. (2015). Individual Competence Baseline for Project, Programme & Portfolio Management, Version 4.0 (pp. 416). Zurich, Switzerland: International Project Management Association.

Joseph, N., & Marnewick, C. (2014). Structured Equation Modeling for Determining ICT Project Success Factors. Paper presented at the PMI Research and Education Conference 2014, Portland, Oregon.

Joslin, R., & Müller, R. (2015). Relationships between a Project Management Methodology and Project Success in Different Project Governance Contexts. International Journal of Project Management, 33(6), 1377–1392.

Jugdev, K., & Müller, R. (2005). A Retrospective Look at Our Evolving Understanding of Project Success. Project Management Journal, 36(4), 19–31.

Jugdev, K., & Thomas, J. (2002). Project Management Maturity Models: The Silver Bullets of Competitive Advantage? Project Management Journal, 33(4), 4-14.

Kaklauskas, A., Amaratunga, R., & Lill, I. (2010). The Life Cycle Process Model of Efficient Construction Manager. Paper presented at the COBRA 2010, Paris. Retrieved from http://usir.salford.ac.uk/9697.

Kloppenborg, T. J. (2015). Contemporary Project Management (3 ed.). Stamford, CT, USA: Cengage Learning.

Lewis, J. P. (2000). The Project Manager's Desk Reference (2 ed.). Boston, MA, USA: McGraw-Hill.

Marchewka, J. T. (2009). Information Technology Project Management (3 ed.). Hoboken, NJ, USA: John Wiley & Sons.

Marnewick, A., Pretorius, J. H. C., & Pretorius, L. (2014). Requirements Practitioner Behaviour in Social Context: A Survey. SAIEEE Africa Research Journal, 105(4), 147-155.

Marnewick, C. (2012). A Longitudinal Analysis of ICT Project Success. Paper presented at the Proceedings of the South African Institute for Computer Scientists and Information Technologists Conference, Pretoria, South Africa.

Marnewick, C., & Labuschagne, L. (2010). A Conceptual Framework to Improve the Project Delivery Capability within an Organisation. Acta Commercii, 10, 249-263.

Milosevic, D. Z., & Srivannaboon, S. (2006). A Theoretical Framework for Aligning Project Management with Business Strategy. Project Management Journal, 37(3), 13.

Mnkandla, E., & Marnewick, C. (2011). Project Management Training: The Root Cause of Project Failures? Journal of Contemporary Management, 8, 76-94.

Murch, R. (2005). Methodologies in IT: Comprehension, Selection, and Implementation. Retrieved from http://www.ibmpressbooks.com/articles/article.asp? p=370635.

Office of Government Commerce. (2009). Managing Successful Projects with PRINCE2 (5 ed.). United Kingdom: The Stationary Office.

Pasian, B. (2014). Extending the Concept and Modularization of Project Management Maturity with Adaptable, Human and Customer Factors. International Journal of Managing Projects in Business, 7(2), 186-214.

Pellegrinelli, S., & Garagna, L. (2009). Towards a Conceptualisation of PMOs as Agents and Subjects of Change and Renewal. International Journal of Project Management, 27(7), 649-656.

Phillips, J. J., Bothell, T. W., & Snead, G. L. (2002). The Project Management Scorecard. Amsterdam, Netherlands: Butterworth-Heinemann.

Project Management Institute. (2013). A Guide to the Project Management Body of Knowledge (PMBOK® Guide) (5 ed.). Newtown Square, PA, USA: Project Management Institute.

Project Management Institute. (2017a). A Guide to the Project Management Body of Knowledge (PMBOK® Guide) (6 ed.). Newtown Square, PA, USA: Project Management Institute.

Project Management Institute. (2017b). Project Manager Competency Development Framework (3 ed.). Newtown,PA,USA: Project Management Institute.

Schwalbe,K. (2010). An Introduction to Project Management. Minneapolis, MN, USA: Kathy Schwalbe, LLC.

Skogmar,K. (2015). PRINCE2®, the PMBOK® and ISO 21500:2012. Retrieved from https://www.axelos.com/news/new-white-paper-explores-prince2-pmbok-iso-21500.

Todorovic,M. L.,Petrovic,D. C.,Mihic,M. M.,Obradovic,V. L.,& Bushuyev,S. D. (2015). Project Success Analysis Framework: A Knowledge-Based Approach in Project Management. International Journal of Project Management,33(4),772-783.

Tummala,V. M. R.,& Burchett,J. F. (1999). Applying a Risk Management Process (RMP) to Manage Cost Risk for an EHV Transmission Line Project. International Journal of Project Management,17(4),223-235.

第7章 项目管理办公室

项目管理办公室是授权与控制、人员与流程、政治派别之间的战场。

——Pellegrinelli 和 Garagna[①]

前3章主要关注的是规划、计划和项目管理这三个领域。尽管这三个领域之间存在一些相互关联，但它们往往能够独立运行，在大型组织中尤其如此。

项目管理办公室（PMO）可以作为三者之间的桥梁。因此，项目管理办公室在组织内部发挥着重要的作用。第一个作用是治理，项目管理办公室应确保规划、计划和项目管理按照前面章节中的预期和描述进行。第二个作用是推动，项目管理办公室应确保所有支持这些领域运行的最优流程和组织架构都已到位。

关于项目管理办公室的一个问题是，它们在组织内部时有时无。有人质疑，组织是否真的需要项目管理办公室，因为它们会增添额外的官僚作风和成本。本章的目的是强调项目管理办公室在组织中的重要性。7.1 节定义项目管理办公室。7.2 节描述项目管理办公室的作用。7.3 节讨论项目管理办公室的成熟度，项目管理办公室的持续存在与其成熟度水平密切相关。7.4 节重点讨论项目管理办公室的绩效。本章结尾介绍高管在项目管理办公室持续运作中发挥的作用。

7.1 项目管理办公室

项目管理办公室在组织内以不同的名称运作，如项目办公室、项目支持办公室、项目管理卓越中心，甚至是项目主管办公室。无论组织领导者如何称呼项目管理办公室，其功能和角色都大同小异。

首先需要明确的是项目管理办公室的定义。Aubry（2015）认为，项目管理办公室是在执行规划、计划和项目管理中承担各种角色和功能的组织实体。

---

① Pellegrinelli, S. & Garagna, L. Towards a Conceptualisation of PMOs as Agents and Subjects of Change and Renewal. International Journal of Project Management, 2009.

Hurt 和 Thomas（2009）认为，项目管理办公室应该对规划、计划和项目管理的投资进行管理。PM Solutions（2014）认为，项目管理办公室是用于标准化组织规划、计划和项目实践的中央组织结构。项目管理办公室还可以作为治理机构，具有各种各样的角色、任务和甚至位置（Müller 等，2013）。对项目管理办公室的另一种看法是，它是一种管理结构，实现 3P 流程的标准化，并促进资源共享、方法、工具和技术的使用（Jalal 和 Koosha，2015）。Pemsel 和 Wiewiora（2013）提出了一个更简化的观点，他们认为项目管理办公室只是组织领导者和项目管理之间的正式控制层。

鉴于这些定义，很难真正确定项目管理办公室是什么，更重要的是，项目管理办公室在组织中的作用是什么。Darling 和 Whitty（2016）总结了这一困境，指出人们对项目管理办公室的职能和期望做法的看法因行业和组织的差异而不同。这种混乱导致了一个反复出现的问题，即项目管理办公室不被认可。项目管理办公室的可持续性是一个棘手的问题（Hurt 和 Thomas，2009）。Aubry（2015）的数据也支持这一观点，指出项目管理办公室的寿命约为两年，只有 15%的项目管理办公室的寿命超过 5 年。PM Solutions 的研究表明，项目管理办公室的平均寿命仅为 4 年。短命的原因在于，组织领导者认为项目管理办公室是负担，认为项目管理办公室并未真正为组织带来价值（PM Solutions，2014）。应区分服务于单个大型项目或计划的临时项目管理办公室和常态化项目管理办公室。临时项目管理办公室仅在项目活跃期间存在，项目终止后将不复存在。本章的重点是规范项目管理办公室，其唯一目的是加强规划、计划和项目的管理。

项目管理办公室实际位置以及一个组织中允许存在的项目管理办公室数量也是一个有争议的问题。项目管理办公室可能设在某个部门内，也可能设在更高级别的战略位置（Curlee，2008）。不管项目管理办公室的位置如何，它应该履行其被赋予的任务。总体趋势是，在组织内部建立多个项目管理办公室（Tsaturyan 和 Müller，2015）。这些不同的项目管理办公室并不是孤立运作的，而是相互依存的。可以得出结论，项目管理办公室形态多样，规模、功能和应履行的任务各不相同。

对项目管理办公室作用的误解迫使人们重新思考它在组织中的角色。Gartner 认为，项目管理办公室应该扮演积极分子的角色，重点应更多地放在将计划和项目与组织的战略连接上（Light，2014）。

7.1.1　主动型项目管理办公室

根据牛津英语词典（ODE）的解释，Activism 意味着“通过积极行动或强有力的游说来推动政治或社会变革”（Stevenson，2010）。在主动型项目管理办公室（aPMO）中，这意味着 aPMO 必须积极行动以促成变革。这种变革可以通过应用主动型项目管理办公室的 8 个属性来实现。Light（2014）提到了这 8 个特性，详见表 7-1。

表 7-1 主动型项目管理办公室的特性

序号	属性
1	直面风险，敢于提出质疑
2	为决策提供数据驱动的建议
3	具备自我改进和共同目标的衡量标准
4	推动项目管理办公室成为最优秀的项目主管产生地
5	与项目主管建立项目，并提供在职培训价值
6	定制好的项目最佳实践模板，并在组织中共享
7	处理组织横向、纵向上的政治问题
8	开放灵活，具备动态结构，能够为不同类型的项目提供不同的方法
注：数据来自 Light（2014）	

Unger、Gemünden 和 Aubry（2012）指出，项目管理办公室应该拥有“强大的管理权限，以保证实施组织目标和利益相关方的权益。”这种治理结构应该包含以下方面（Unger 等，2012）。

（1）项目管理办公室需要参与制定项目计划以及业务计划，这些计划来源于组织的战略，如评估建议书并选择项目。这与属性 1 相关，属性 1 强调应评估风险，并提出尖锐的问题。

（2）资源管理需要解决如何有效、高效地分配有限的资源（主要是人力资源）的问题，包括跨项目的（重新）分配和正式审批。虽然这似乎有些过时，且不一定是项目管理办公室的职责，但这种观念得到了 Hurt 和 Thomas（2009）的支持。他们提出，项目管理办公室负责人需要了解组织及其项目主管的技能和能力。这对于建立能为组织增加价值的成果至关重要。这与属性 4 相关，属性 4 强调主动型项目管理办公室需要配备足够的资深项目主管和业务计划主管，以提供实质性和特定领域的指导和辅导（Light，2014）。

（3）组织的持续学习和项目规划利用，汇总了在项目生命周期结束时为项目服务的任务。这些任务或活动与项目后审查评估和吸取经验有关。然而，学习应该在实施项目/计划的过程中进行，而不仅仅是在结束后。属性 2 在项目管理办公室的持续学习和改进中起着重要作用。持续学习的目的是在出现问题时找出其根本原因，而不是事后才考虑。

PM Solutions 在其 2014 年的研究中发现，在高绩效组织中，项目管理办公室持续被赋予高价值、战略性的职责。研究发现，在 77%的案例中，项目管理办公室参与战略规划，而 87%的案例中，项目管理办公室的重点在于使项目与战略目标保持一致（PM Solutions，2014）。这些结果与 Gartner 的观点相矛盾。然而，PM Solutions 也创造了一个术语——“创新型项目管理办公室”，其概念与主动型项目管理办公室一致。创新型项目管理办公室将需要越来越多地关注战略、创新、敏捷性和利益相关者参与。特别是，创新型项目管理办公室需要发展在组织变革管理方面的专业知识，这对于项目管理办公室的最终成功至关重要（PM Solutions，2014）。

为了让项目管理办公室为整个组织带来价值，需要考虑以下因素（Hurt 和 Thomas，2009）。

（1）项目管理办公室必须注重长远发展。这一核心理念必须认识和接受以下几点。

① 灵活性和标准方法论是可以兼容的概念。

② 项目管理办公室有能力成为能干的领导者和优秀的管理者。

③ 项目管理办公室必须同时关注人和任务。

④ 项目管理办公室必须管理内部和外部关系。

⑤ 项目管理办公室是支持、管理和发展项目主管的最佳人选，比组织中的其他人更有优势。

这种对灵活性和适应性的关注支持了属性 8 的要点。属性 8 强调，并非所有事物都适用于所有情况。项目管理办公室必须适应其特定环境，并在特定时间点为组织做出最佳选择。

（2）项目管理办公室必须有合适的领导者。这些领导者应该热情、专注，并坚定地认为有效的项目管理至关重要。合格领导者的另一个特点是低调、有耐心但充满自信。

必须创建一种重视责任和纪律的文化。这种文化由项目管理办公室培养，项目管理办公室密切监督、指导和辅导项目主管履行其职责。属性 5 强调资深项目主管在辅导和指导经验不足的项目主管方面的作用。

（3）项目管理办公室应该直面项目相关的现实问题，并确保这些事实得到及时、有效的认识和解决。这与属性 1 和属性 3 相关。属性 3 关注收集用于自我完善的指标。这些指标作为关键评估工具，可用于提高项目管理办公室和项目主管的整体绩效。

Aubry、Hobbs 和 Thuillier（2009）提出，项目管理办公室不应被视为组织中的一个孤立岛屿，而应视为群岛的一部分。他们还建议，项目管理本身，特别是项目管理办公室应该不断演变。项目管理办公室应该适应其外部或内部环境的变化，或对内部紧张局势进行回应。

主动型项目管理办公室并不是新鲜事物。它只是重新强调了项目管理办公室应该做什么，以及它应该在部门或组织中扮演的角色。下面将重点关注项目管理办公室的作用以及高管的期望。

7.2 项目管理办公室的作用

许多组织在设置项目管理办公室时，并不清楚他们想要项目管理办公室扮演的角色和愿景（Pemsel 和 Wiewiora，2013）。因此，高管们需要预先确定项目管理办公室在组织中应发挥的作用。项目管理办公室的角色可以分为四个方面，它们在项目管理办公室发展为卓越中心的过程中得到涵盖。它们可以确保项目管理办公室的可持续性，并被视为组织中的关键要素。

7.2.1 与事务相关的职能

项目管理办公室第一类职能关注项目内部的细节，以及如何协助制定周全的项目计划。项目管理办公室可以协助的项目活动如下。

（1）协助制定组织项目管理标准：第 6 章讨论了组织可以采用的各种项目管理标准和方法论。项目管理办公室在协助项目主管使用这些标准和方法论方面发挥着关键作用。它还可以协助项目主管应用知识领域——例如协助确定项目的范围和成本。

（2）协助监督和控制：前面提到，项目管理办公室发挥着治理作用。项目管理办公室可以协助项目主管监督和控制项目，因为项目管理办公室可以访问所有相关的项目信息（Hurt 和 Thomas，2009）。项目主管可以使用这些信息来判断项目是否偏离了约定的限制。

（3）变更管理：项目带来组织变革，而项目主管并不总是拥有管理变革过程的专业技能和知识。项目管理办公室可以通过沟通和其他相关活动（如研讨会和信息会议），代表项目主管管理这一过程。

（4）绩效报告：项目管理办公室的一个重要职责是报告项目的绩效。绩效报告将基于事实，因为项目管理办公室应该拥有关于项目的所有相关数据和信息。项目主管本身将不再报告项目的绩效，这将降低利益相关方收到虚假信息的风险。

（5）审计：项目管理办公室可以发挥监督作用，并在项目执行和实施期间进行审计。项目审计可以在项目完成前、期间和之后进行。治理和审计在第

10 章中进行详细讨论。项目管理办公室可以确保具备审计项目的流程和指标。

这一类职能可能还包括其他相关活动，项目管理办公室和高管有责任确定项目管理办公室应执行哪些活动。

7.2.2　与人员相关的职能

第二类职能重点关注项目管理办公室应该管理人员方面的活动。项目管理办公室可以协助进行以下一些活动。

（1）冲突管理：冲突是任何项目中都不可避免的组成部分，项目主管应能够解决项目内部的冲突。若冲突发生在项目主管之间，以及项目主管与利益相关方之间，那么问题就出现了。因为项目管理办公室是中立的，所以它可以在这些类型的冲突中起到调解作用。

（2）合同制定：项目主管可能不具备法律专业知识，也不适合起草法律合同。这项任务可以由项目管理办公室承担，项目管理办公室可以在合理费用内根据需要雇用兼职或全职律师。

（3）谈判：当资源和计划受到影响时，项目管理办公室应该在项目主管之间扮演谈判者的角色。谈判的目的应该是为所有相关方，特别是整个组织，争取到最好的结果。项目管理办公室还可以协助项目主管和利益相关方之间的谈判。

7.2.3　与项目相关的职能

第三类职能主要关注整个项目，而不是具体细节，正如与事务相关的职能一样。

（1）项目管理办公室最重要的职能之一是标准化项目管理环境。应该标准化的方面包括项目管理标准或方法、项目主管将使用的项目管理软件以及相关的项目管理文档（Hurt 和 Thomas，2009）。

（2）项目管理办公室还应履行指导和咨询的职能。应为初级项目主管在标准应用方面提供指导，同时还应为高级项目主管提供指导。这让项目管理办公室面临压力，因为项目管理办公室必须有能力为所有项目主管和不同问题提供指导。项目管理办公室还必须担任顾问，为项目主管提供专家建议。

（3）项目管理办公室还应协助编写业务规划。在编写业务规划过程中，项目管理办公室可向项目主管提供必要信息。这种协助可扩展至编写业务范围说明书和提供项目启动协助。

（4）项目管理办公室还应负责收益追踪。特别是在项目结束后，当项目主管被分配给新的项目时，收益追踪显得尤为重要。应制定流程和指标来开展收益追踪，确保如业务规划中承诺的那样实现这些收益。

（5）项目管理办公室还应向项目主管提供基本行政协助。可提供协助的领域包括安排航班和住宿、预订场地以及支付承包商费用。

（6）项目管理办公室还应负责报告。报告内容包括项目状态、资源配置、风险管理和整个项目规划的总体绩效。

（7）项目管理办公室还应充当项目文档的资料库。这些文档应对项目主管和利益相关方开放且可访问。这些文档可用于审计或作为信息来源，尤其是用于总结教训。

7.2.4 与组织相关的职能

最后一类职能侧重于项目管理办公室在组织中的角色，以及项目管理办公室如何帮助组织实现其战略和业务目标。以下功能具有更长期的影响。

（1）促进项目管理的一致性和统一性：这项活动的目的是在组织内部形成项目管理的长期视角。最终目标是创建一种项目管理文化，所有计划和项目都根据最佳实践进行管理。项目管理的价值还需要不断向组织领导者展示，以便他们支持项目管理，最终支持项目管理办公室。

（2）为项目管理实践提供集中参考点：这项活动侧重于传播最佳实践和最先进的程序和指南。它还集成了积极的项目最佳实践，并推广使用推荐的工具和技术。

（3）通过培训为项目专业人员提供特定的技能和知识：这项活动侧重于规划、计划和项目主管的能力。前几章强调了规划、计划和项目主管应该掌握的各种能力。应该确定一项有关称职规划、计划和项目主管的长期战略，重点是差距分析和相关的认证。

（4）奖励和认可：项目管理办公室的另一项职能是奖励并认可有能力的项目主管。这项工作是项目管理办公室的特权。但是前提是，奖励和认可的过程应该是公平和透明的。

项目管理办公室有各种角色分组。例如，Hobbs 和 Aubry（2007）将项目管理办公室的角色分为六类：①监督和控制项目绩效；②开发项目管理能力和方法论；③多项目管理；④战略管理；⑤组织学习；⑥前 5 个组别中未列出的任何其他功能。Jalal 和 Koosha（2015）列出了项目管理办公室的 11 项职能，从开发项目管理方法论到管理供应商和承包商。

项目管理办公室的一个重要角色是充当知识库，这在下一节中将进行讨论。

7.2.5　知识库

组织领导者面临的一个主要风险是机构知识的流失。员工在离开组织时，同时带走了大量的知识。这些知识可能涉及组织的流程和文化。在项目管理中，这种情况也经常出现，即规划、计划和项目主管离开公司，带走大量的知识。

项目管理办公室有能力成为连接组织和知识库之间的桥梁，因为它连接了组织的三个层面：高管层、项目管理办公室本身以及各个计划和项目团队（Pemsel 和 Wiewiora，2013）。这使得项目管理办公室对担任知识库的角色负有巨大的责任。然而，Müller 等（2013）担心，项目管理办公室成员虽然与高管层和各个项目团队分享知识，但却未能在项目管理办公室成员间共享知识。

项目管理办公室必须成为知识密集型组织，因为它们在管理规划、计划和项目最佳实践、从项目（包括失败和成功）中学习、提高项目管理和项目管理办公室本身的成熟度方面扮演着重要角色（Pemsel 和 Wiewiora，2013）。项目管理办公室可以扮演四种类型的知识库（Desouza 和 Evaristo，2006）。

（1）支持者：在此角色中，项目管理办公室的职责纯属行政性质。项目管理办公室提供项目状态、识别风险和潜在问题，并维护项目档案。它报告项目情况，但不试图影响项目实施。

（2）信息库：项目管理办公室存储信息，这些信息用于评估目的，作为展示板的信息来源。项目管理办公室的职责是跟踪和报告项目的进度，以及作为有关项目和综合状态更新的信息来源。

（3）知识库：项目管理办公室是最佳实践的存储库，但它没有行政责任。项目管理办公室提供项目专业知识、指导和培训，并被组织领导者认可为组织内所有与规划、计划和项目管理相关知识的权威。

（4）教练：项目管理办公室的角色涉及强制执行和控制知识共享，同时作为最佳实践和知识的中心。项目管理办公室采取积极主动的态度来促进知识共享和学习，并专注于战略和组织活动，以协调和提高组织内的项目管理。

最终目标是让项目管理办公室在知识共享方面担任教练的角色，但这个角色也与项目管理办公室的成熟度水平有关。组织领导者不能期望一个新成立的项目管理办公室就能担任教练的角色。

7.3　项目管理办公室成熟阶段

Hill（2007）为项目管理办公室定义了 5 个成熟阶段。这 5 个阶段是项目办公室、基础型项目管理办公室、标准型项目管理办公室、高级型项目管理办公室和卓越中心。

7.3.1 项目办公室

项目办公室是项目监督的基本单位，它是项目主管所负责的领域。项目主管负责一个或多个项目的成功交付。项目办公室确保在每个项目中应用广泛接受的原则和首选项目管理实践的专业性和卓越性。项目办公室发挥着项目监督作用，总体目标是实现项目交付成果，并在项目约束范围内交付项目。项目办公室执行各种必要的项目管理活动，例如：

（1）应用项目管理原则和实践。

（2）作为项目团队绩效管理的接口。

（3）执行政策、标准和高管决策。

7.3.2 基础型项目管理办公室

基础型项目管理办公室处于能够处理多个项目监督和控制的基本层次。基础型项目管理办公室有能力为多个项目提供综合的监督和控制，其表现与多个项目主管相当。基础型项目管理办公室的人员配备将是最少的——在某些情况下，只有一个人被分配去建立项目管理办公室。当然，这个人也可能是兼职的。

基础型项目管理办公室以控制项目管理环境为重点，执行各种集中式的项目管理活动，包括：

（1）主要负责组织内项目管理的标准方法的建立。

（2）提供汇总项目状态和项目进度的结果和分析方法，用于识别和应对项目变更、评估项目和项目主管绩效，以及确保实现项目目标。

（3）将项目管理作为一门专业领域引入组织，制定适用的标准，指定合格的项目主管，以及对项目团队进行培训和授权。

基础型项目管理办公室的重点已经从单一项目转向多项目，以及如何以相同的方式管理这些项目。

7.3.3 标准型项目管理办公室

标准型项目管理办公室是项目管理办公室的较低层次。组织领导者应该推动达到这个阶段，因为标准型项目管理办公室具备了一个完整和全面的项目管理办公室的基本要素。尽管标准型项目管理办公室也涉及项目管理的监督和控制，但它引入了领导者支持，应该能够优化个别项目主管和项目绩效。这是希望实现以下目标的组织的最低阶段：①将项目管理作为核心业务能力来实施；②提高项目管理能力；③增加项目管理成熟度。

标准型项目管理办公室需要任命一名全职的项目主管和一些全职或兼职员工，他们具备执行和推动项目管理办公室角色和职能的资格。标准型项目管理办公室执行完整的集中式项目管理监督和控制活动，并进一步强调在项目管理环境中引入流程和实践支持。这些活动包括：

（1）成为项目管理的中心。

（2）成为高管与项目管理环境之间的接口。

（3）成为公认的对项目资源分配产生影响的实体。

（4）处理项目主管的资格和培训问题。

7.3.4 高级型项目管理办公室

高级型项目管理办公室的重点在于整合。业务收益和目标需要整合到更大的项目管理环境中。这种整合意味着组织文化和组织内部做事方式的改变。整合意味着与各个业务部门的合作，以及参与开发或调整适合业务环境和项目管理环境的最佳实践和流程。除此之外，高级项目管理办公室还应执行标准型项目管理办公室的角色和功能。

高级型项目管理办公室是从标准型项目管理办公室自然发展而来的，并增加了员工数量和直接调配资源的潜力。高级型项目管理办公室的员工能够提供发展、实施和管理扩展的流程、计划，以及增强功能所需的专业和行政资源。

高级型项目管理办公室执行全面和集中式的监督、控制和支持活动。这是与代表项目管理的成熟业务导向的扩展功能一起完成的。它还提供了最先进的项目管理实践和程序方面的独特专业知识。

7.3.5 卓越中心

卓越中心是组织内一个独立的业务单位，全权负责整个组织的项目管理运作。卓越中心承担着战略协调的角色，并指导项目管理环境的持续改进工作。卓越中心应执行的活动包括：

（1）为项目管理运作提供方向和影响力。

（2）建立项目管理环境，并在各个业务部门中建立利益相关方意识和代表。

（3）赞助和开展项目管理功能和业务有效性的研究和评估。

（4）在项日管理环境中体现商业利益。

从一个基本型项目办公室到一个卓越中心的进步不是一夜之间发生的，组织领导者应该留出时间并投入必要的资源来实现这一进步。从长远来看，达到卓越中心的阶段也将有助于项目管理办公室的可持续性。

7.4 项目管理办公室的测评指标

项目管理办公室的一个重要角色是确定要测量什么、如何测量以及何时测量。本节重点强调了项目管理办公室在确保计划和项目成功交付方面的重要作用，以及它们在确保本学科在组织内部得到培养和培育方面的作用。

关于测评标准的一个重要方面是，项目管理办公室需要有一些可以用来参考的基准；否则，测量就变得毫无意义。因此，项目管理办公室应该事先确定将使用哪些标准、最佳实践和成功判定准则。Hill（2007）确定了三个主要的测量领域，范围从项目管理流程到项目管理办公室对组织本身的影响。

7.4.1 流程管理和改进指标

下面列出的 5 个流程域构成了与项目组合管理办公室直接相关流程管理的部分内容。

（1）项目管理方法论流程：项目组合管理办公室应制定并测量所选择的项目管理方法论的使用情况以及它的有效性。可以收集的测评指标包括规定活动使用的频率，以及该方法论如何促进整体项目管理的成熟度。

（2）技术流程：项目涉及一定程度的技术性，这是生产产品或服务所需的。通常情况下，技术流程不属于项目管理范畴，并在项目常规管理之外进行。为确保项目管理与技术流程的一致性，项目管理办公室应确定一套测评指标。这些指标可能包括技术流程的适当性，以及技术工具和模型的规范。

（3）业务流程：项目管理和业务流程必须保持一致。项目管理是组织的一部分，应与业务流程保持一致。为确定与业务流程的一致性，项目管理办公室可以使用以下这些测评指标，如合同验收标准、变更管理标准、供应商选择标准。

（4）资源管理流程：项目管理办公室负责资源管理。在定义人力资源相关流程时，项目管理办公室应与人力资源部门进行沟通协作。再次强调，项目环境的人力资源流程必须与组织人力资源流程同步。这些测评指标包括资源分配责任和资源采购标准。

（5）项目管理办公室支持流程：项目管理办公室还需要确定它如何有效地管理自己的流程。可以用来衡量项目管理办公室有效性的测评指标包括项目管理办公室的员工工作量水平，以及这些报告的频率和内容。

第二个测量领域是计划和项目本身的绩效。项目管理办公室需要确定项目绩效的衡量指标。

7.4.2　项目绩效指标

项目绩效可用PMBOK®指南（PMI，2017）10个知识领域中较重要的5个知识领域来衡量，但也可以扩展至所有知识领域。

（1）预算：项目管理办公室应提供指标，用于制定和管理项目预算。这些指标应覆盖整个项目管理流程——从项目启动到结束。预算相关指标的一个例子是实际成本与计划成本的差异。这些指标确保项目在预算范围内进行，当指标显示存在问题时，可以采取纠正措施。

（2）计划：与预算一样，项目管理办公室应提供指标，确保项目按计划进行管理。指标在计划管理中发挥双向作用。首先，可以作为参考和指导——例如工作分解结构（WBS）的优选活动层次深度。其次，可以作为控制措施，确定项目是否进度落后，并据此采取纠正措施。

（3）资源管理：资源管理的指标应侧重于整个人力资源知识领域。指标的目的应是最优化资源绩效。指标包括资源利用率、资源绩效、资源获取以及团队协作。所有这些指标都应与组织的人力资源任务保持一致。

（4）风险管理：风险管理是项目管理的重要组成部分，项目管理办公室应制定指标来管理项目风险。参考指标包括风险评估和分析的频率、风险对项目绩效的影响，以及抑制风险的成本。通过测量指标帮助项目管理办公室履行其监督职责。包含在此类指标中的风险包括实际发生的风险，或与特定项目或个别团队成员相关的风险数量。

（5）质量保证：项目管理办公室在项目质量方面发挥重要作用。质量保证与项目的技术流程有关。按照规范执行的技术流程应确保产品或服务的质量。项目管理办公室负责制定指标，确定流程以及可交付成果的整体质量。指标可包括遵守质量标准准则、测量偏差，以及因缺陷导致的变更请求数量。

第三个测评领域侧重于业务，目的是将业务指标纳入项目环境，并向项目利益相关方提供准确信息。

7.4.3　业务管理指标

项目管理的四个关键要素构成了业务管理指标的主要内容。

（1）合同与协议指标：项目管理办公室应提供指标，确保合同实现组织战略和业务目标。指标包括定价策略和供应商预审。

（2）客户满意度指标：项目是针对组织内部或外部的客户执行的。项目管理办公室应确定客户对最终产品或服务的满意度水平。除此之外，项目管理办公室还应确定其对整个项目管理流程以及与项目管理办公室互动的满意度水平。

（3）项目规划管理指标：计划和项目构成规划的一部分。规划的目的是实现组织的愿景和战略。项目管理办公室所处的位置，可以提供实现愿景和战略的指标和测量。相关指标还可用于确定哪些计划或项目应纳入规划，以及每个单独计划和项目的执行情况。

（4）财务指标：这一要素的重点不在于单个计划或项目，而在于项目管理办公室和项目管理流程的更大财务方面。重点是项目管理办公室本身的价值以及项目管理对组织的价值。

Hill（2007）提供的指标可以作为高管和项目管理办公室的指导。一种更实际的方法可能是采用 7.2 节中讨论的角色和职能，并为每个角色和职能分配指标。下一节重点讨论项目管理办公室面临的挑战。

7.5 项目管理办公室面临的挑战

正如前面所指出的，项目管理办公室在组织中的存在并不持久，它们时有时无。只有少数项目管理办公室能够为整个组织创造价值。表 7-2 强调了项目管理办公室在组织内部面临的挑战。每次进行调查时，前五大挑战中的三项都会出现，但 2016 年出现了两项新的挑战。

表 7-2 项目管理办公室面临的挑战

2014①	2016②	位　置
组织对变革的抵制	项目管理办公室流程被视为不必要的负担	
项目管理办公室流程被视为不必要的负担	组织对变革的抵制	
有足够的时间/资源用于战略活动	展示项目管理办公室的附加值	
展示项目管理办公室的附加值	确保定义过程的一致应用	
资源管理能力不足	项目主管项目管理技能不足	

注：① 来自项目管理解决方案的数据（2014 年）；
② 来自项目管理解决方案的数据（2016 年）

在第一个挑战中，项目管理办公室被视为给项目管理增加额外流程的“警察”，而项目管理本身已经不堪重负。由于任何原因增加的项目管理办公室流程都被视为过度使用，因此人们会抵触这些流程。

第二个挑战中，项目管理办公室的作用之一是带来变革。主动型项目管理办公室也是如此。人们天生抵触变革，他们也会抵制因项目管理办公室而产生的变革。抵触可能来自项目管理办公室本身，因为它制定了不同的项目管理方式。无论如何，组织领导者应该接受项目管理办公室带来的变革，并且这种变革是为了组织的更好发展。

第三个挑战是一致存在的，即展示项目管理办公室的价值。第 2 章讨论了项目管理的价值观念。正如规划、计划和项目主管必须指出规划、计划和项目管理的价值一样，项目管理办公室也必须共同努力，突出其为组织增加的价值。项目管理办公室必须宣扬其发挥的作用，以及项目管理流程在其领导下如何变得成熟。

第四个挑战与第一个挑战相关，即流程不仅被视为开销，而且没有得到一致的应用。这归结为治理问题，如果某些个人、项目主管或高管受到项目管理办公室的不同对待，那么项目管理办公室很快就会失去“面子”。

第五个挑战涉及项目主管的能力水平。6.5 节详细讨论了项目主管的能力。项目管理办公室可以有改进项目成功率并使项目管理成熟的最佳想法和战略。然而，如果执行这些想法的项目主管缺乏所需的能力，并且没有显示出实现它们的正确技能水平，那么所有这一切都将是徒劳的。

总之，存在多种可能阻碍项目管理办公室发挥作用的因素。重要的是，项目管理办公室必须识别潜在的挑战，并以迅速而有效的方式解决这些挑战。

7.6　高管在建立项目管理办公室中的作用

高管可以在建立项目管理办公室方面发挥重要作用，使其最终成为能为组织和项目管理学科本身增加价值的卓越中心。高管可以采取以下战略，确保项目管理办公室的可持续性。

7.6.1　建立卓越中心

卓越中心对于满足项目管理办公室和项目管理的未来需求是必要的，将在实现组织的愿景和战略方面发挥重要作用。正如 7.3.5 节所述，焦点在于使项目管理和项目管理办公室本身都走向成熟。如果没有建立卓越中心的长期愿景，项目管理办公室注定会失败，除非它是愿景的一部分（Al-Khouri, 2015）。否则，它将被视为负担，不能为组织创造价值。

7.6.2 建立愿景和价值观

根据 Hurt 和 Thomas（2009）的观点，项目管理办公室的长期存在依赖于对项目管理办公室的愿景以及项目管理办公室展示出的价值。项目管理办公室必须对项目管理以及任何与项目管理有关的事务充满热情。项目管理办公室应该秉持和宣传这样的观念：在组织内部，它是唯一对项目管理充满热情的实体。项目管理办公室应该能够经受住组织内部和项目管理办公室本身的领导层变更，并适应组织需求的变化。高管可以通过允许项目管理办公室成为项目管理的唯一主体来支持项目管理办公室的这种热情。没有其他实体或个人可以扮演这一充满热情的守护者的角色。然而，这并不意味着不能吸收项目管理办公室外部的建议或先进知识。

7.6.3 项目管理办公室领导

项目管理办公室内部存在各种角色，如项目管理办公室领导或项目管理导师（Kendall 和 Rollins，2003）。领导在项目管理办公室的可持续性中起着至关重要的作用。Hurt 和 Thomas（2009）指出，项目管理办公室领导应该具备三种品质，即热情、自信以及快速成功展示项目管理办公室价值的能力。项目管理办公室领导必须能够说服组织领导者认识到项目管理办公室的价值，并改变项目主管的工作方式。只有高度成功的领导者才能承担这一责任。高管的任务是找到并任命项目管理办公室的负责人。除了找到并任命这个负责人，高管还必须支持他/她在建立卓越中心的所有努力。

7.6.4 项目管理办公室人员配置

项目管理办公室雇用的人员必须能够提升项目管理规范化水平，这对于项目管理办公室的长期存在至关重要。这些人员必须对项目管理有深入了解，但不应接管项目主管的角色。这是一条非常重要的界限，不应跨越。一旦项目主管认为项目管理办公室成员想要管理和干涉他们的项目，项目管理办公室就会失去其信誉。这意味着项目主管将背弃项目管理办公室，不会接受其服务。虽然高管对于项目管理办公室的任命没有直接发言权，但可以发挥监督作用，确保项目管理办公室员工与项目主管的角色之间有明确的区别。项目管理办公室员工的知识和技能对于项目管理办公室的成功也非常重要。例如，如果一名员工担任顾问的角色，则该员工必须具备顾问的技能。项目管理办公室内的每个专业角色必须由专家来填补。

7.6.5 创建守纪文化

纪律对于项目管理办公室的成功至关重要。纪律可分为两部分。第一部分与 7.6.4 节息息相关，其中明确界定了角色和职责。任何人都不应踏入别人的领地。这需要自律，尤其是当项目管理办公室员工看到项目主管即将陷入灾难时。冲动可能是介入并拯救项目，但纪律应允许项目主管犯错并从中学习。第二部分，整个组织应遵守纪律，只允许项目管理办公室执行与项目管理相关的活动。当涉及项目管理时，项目管理办公室是首选，各部门应避免创建自己孤立的项目管理环境或违背项目管理办公室的价值观。高管在确保项目管理办公室被视为唯一可以执行项目管理职责的合法实体方面发挥着重要作用。

7.6.6 项目管理办公室价值的确定与沟通

项目管理办公室经常面临的挑战之一是组织领导者无法认识到项目管理办公室的价值。高管在倡导项目管理办公室价值方面发挥着重要作用。首先，高管应预先明确项目管理办公室价值的确定方式。这些标准和相关指标需要与项目管理办公室领导层合作建立。如果项目管理办公室领导层了解对他们的期望，那么他们更容易满足这些期望。其次，高管应要求项目管理办公室对这些标准负责。作为项目管理办公室的角色和职责的一部分，它应持续确定自己是否仍然对整个组织产生价值。如果项目管理办公室不满足这些标准并且无法实现价值，则高管应履行其控制职能并要求项目管理办公室负责。但是，当其为组织增加了价值时，高管应承认这一事实，并将其传达给整个组织。

7.7 小　　结

本章重点讨论的是项目管理办公室作为卓越中心，如何被组织领导者用于实现项目管理的成熟度和卓越性。讨论项目管理办公室的概念旨在达成关于项目管理办公室的共识。本章还介绍了主动型项目管理办公室的概念，表明项目管理办公室的作用不仅多年来持续存在，还需要随着其所在组织的新发展而调整。本章也讨论了项目管理办公室的作用，从讨论中可以看出，项目管理办公室的作用取决于两个方面：项目管理办公室的成熟度水平和组织整体的期望。项目管理办公室的作用从与事务和人员相关的活动，到以项目为重点，最终到以组织为导向的功能，各不相同。

项目管理办公室的成熟度阶段为组织领导者提供了如何建立可持续的项目管理办公室来为组织增加价值的参考。达到卓越中心阶段是一个长期过程。本章讨论了与项目管理办公室相关的指标，以突出项目管理办公室在创建以项目管理为导向的组织方面发挥的重要作用。项目管理办公室确实面临挑战，本章描述了项目管理办公室经常面临的挑战，以及高管如何帮助项目管理办公室克服这些挑战。本章最后讨论了高管在确保项目管理办公室可持续性和为组织创造价值方面可以发挥的作用。

组织领导者可以继续将规划、计划和项目管理作为独立但相关的事项进行管理。这种管理方式并没有错，但是当组织领导者希望充分发挥规划、计划和项目管理的整体效应时，项目管理办公室将是解决方案。项目管理办公室不仅能让这些领域在大范围内走向成熟，而且在实现组织愿景和战略，以及管理各种计划和项目的相关利益方面也发挥着关键作用。

只有当项目管理办公室成为组织中的核心实体并得到高管的支持时，规划、计划和项目管理的真正价值才能实现。基于此才可以让项目管理办公室完成其使命，真正成为卓越中心。

7.8 参考文献

Al-Khouri, A. M. (2015). Program Management of Technology Endeavours. London, UK: Palgrave Macmillan.

Aubry, M. (2015). Project Management Office Transformations: Direct and Moderating Effects That Enhance Performance and Maturity. Project Management Journal, 46(5), 19-45.

Aubry, M., Hobbs, B., & Thuillier, D. (2009). The Contribution of the Project Management Office to Organisational Performance. International Journal of Managing Projects in Business, 2(1), 141-148.

Curlee, W. (2008). Modern Virtual Project Management: The Effects of a Centralized and Decentralized Project Management Office. Project Management Journal, 39(S1), S83-S96.

Darling, E. J., & Whitty, S. J. (2016). The Project Management Office: It's Just Not What It Used to Be. International Journal of Managing Projects in Business, 9(2), 282-308.

Desouza, K. C., & Evaristo, J. R. (2006). Project Management Offices: A Case of Knowledge-Based Archetypes. International Journal of Information Management, 26(5), 414-423.

Hill, G. M. (2007). The Complete Project Management Office Handbook (2 ed.). Boca Raton, FL, USA: CRC Press.

Hobbs, B., & Aubry, M. (2007). A Multi-Phase Research Program Investigating Project Management Offices (PMOs): The Results of Phase 1. Project Management Journal, 38(1), 74-87.

Hurt, M., & Thomas, J. L. (2009). Building Value through Sustainable Project Management Offices. Project Management Journal, 40(1), 55-72.

Jalal, M. P., & Koosha, S. M. (2015). Identifying Organizational Variables Affecting Project

Management Office Characteristics and Analyzing Their Correlations in the Iranian Project- Oriented Organizations of the Construction Industry. International Journal of Project Management,33(2),458-466.

Kendall,G.,& Rollins,S. (2003). Advanced Project Portfolio Management and the PMO. Boca Raton,FL,USA:J. Ross Publishing.

Light,M. (2014). How an Activist PMO Helps Share Strategic Vision to Optimize the Portfolio. Retrieved from https://www.gartner.com/doc/2924418/activist-pmo-helps-share-strategic.

Müller,R.,Glückler,J.,Aubry,M.,& Shao,J. (2013). Project Management Knowledge Flows in Networks of Project Managers and Project Management Offices:A Case Study in the Pharmaceutical Industry. Project Management Journal,44(2),4-19.

Pemsel,S.,& Wiewiora,A. (2013). Project Management Office a Knowledge Broker in Project-Based Organisations. International Journal of Project Management,31(1),31-42.

PM Solutions. (2014). The State of the Project Management Office (PMO) 2014. Retrieved from http://www.pmsolutions.com/reports/State_of_the_PMO_2014_Research_Report_FINAL.pdf.

PM Solutions. (2016). The State of the Project Management Office (PMO) 2016. Retrieved from http://www.pmsolutions.com/resources/view/the-state-of-the-project-management-office-pmo-2016/.

Project Management Institute. (2017). A Guide to the Project Management Body of Knowledge (PMBOK® Guide) (6 ed.). Newtown Square,PA,USA:Project Management Institute.

Stevenson,A. (2010). Oxford Dictionary of English. Oxford,UK:Oxford University Press.

Tsaturyan,T.,& Müller,R. (2015). Integration and Governance of Multiple Project Management Offices (PMOs) at Large Organizations. International Journal of Project Management,33(5),1098-1110.

Unger,B. N.,Gemünden,H. G.,& Aubry,M. (2012). The Three Roles of a Project Portfolio Management Office:Their Impact on Portfolio Management Execution and Success.

International Journal of Project Management,30(5),608-620.

第 8 章　收益实现管理

各组织需要改变工作重点。高管和项目主管们都需要将收益与可交付成果区分开来思考。

——项目管理办公室主任 Gary McCalden①

本书第 2 章讨论了价值的概念。有人会问，项目和项目管理是否能为组织带来价值。这个问题的答案实际上取决于组织领导者能否从规划内实施的各种计划和项目中获益。

收益实现管理（BRM）是组织战略与实施项目之间的最终环节。用于激励项目的业务规划承诺项目完成后将带来收益。同时，项目被用于实施本组织的愿景和战略。这意味着，愿景和战略实际上是通过实现承诺的收益实现的（Marnewick，2014）。重要问题是，计划和项目可产生可交付成果。通过实际实施和使用这些可交付成果，为组织创造了价值。

本章的主要重点是强调收益实现管理及其在组织中的重要作用。收益实现管理应成为组织项目管理文化的一部分，而不是在计划或项目结束时被当作一个额外的过程。本章首先论述收益实现管理及其发挥的重要作用。其次，讨论了收益实现管理过程，包括它与计划和项目管理过程的关系。再次，讨论了利益依赖网络（BDN）的概念和相关的利益概况。最后，讨论了高管在收益实现管理中的作用。

8.1　收益实现管理的概念

正确区分收益、收益实现和收益实现管理的概念非常重要。任何项目的可交付成果都会带来变化。如果这种变化被任何利益相关方认为是积极的，那么它就被归类为收益（Bradley，2010）。一般来说，变化越大，收益也就越大。

---

① Cooke-Davies，T. The Strategic Impact of Projects—Identify Benefits to Drive Bussiness Results，2016. http://www.pmi.org/learning/thought-leadership/pulse/identify-benefits-business-results.

反之亦然，如果一个变化被认为是不利的，这意味着这个变化对组织是有害的。PMI（2013）将收益定义为增加价值或改变的结果。有这样一个基本共识，即项目的可交付成果带来的变化应该是有益的，并为接收组织增加价值。一个项目可以带来多重收益——与项目相关的收益越多越好。收益实现本身关注的是收益的实现。PMI（2013）指出，一些收益是相对确定的，很容易量化，而其他收益则比较难。收益实现的目的是最大化收益实现的可能性，并确保实现收益所伴随的所有努力都到位，以实现收益。收益实现管理包括从确定收益到实现和维持收益所需的所有活动（Aguilera，2016）。

收益实现管理正在成为规划、计划和项目领域中的一个重要概念。传统上，收益被视为项目管理的一部分。这在项目管理的定义中得到了回应（PMI，2013；Sowden，2011）。计划内的项目将至少提供一种收益，但这样的定义意味着，当单个项目不是计划的一部分时，它几乎不可能单独提供收益。如第 6 章所述，一个项目的成功由 5 个层次决定。项目的最终目标是交付价值，只有在有利于执行项目的情况下才能实现收益。如果项目没有附带任何收益，那么实施项目就没有逻辑上的意义。从业者和学者已经得出结论，收益实现管理在计划和项目管理中都起着重要作用（Marnewick，2016）。

因此，下一节讨论的收益实现管理过程既适用于计划内的项目，也适用于单一项目。

8.2　收益实现管理流程

PMI（2016）将收益实现管理过程简化为以下三项主要活动。

（1）确定收益：这项活动的重点是确定可能给组织增加价值的收益。

（2）实现收益：这项活动的重点应该是通过最小化风险和最大化机会来实现最大收益。

（3）维持收益：这项活动的重点是确保项目交付继续为组织带来价值。因此，各组织应调查确保维持收益的促进因素。

这个过程有点过于简单化，但它为组织领导者提供了一个快速的概览，说明需要做些什么来识别、管理和维持收益。图 8-1 展示了一个通用的收益实现管理流程，并确保通过各种交付实现收益最大化。

图 8-1　收益实现管理流程

（1）收益识别：此流程的第一步是识别与项目相关的收益。在计划中，不同的项目可能具有相同的收益。在这种情况下，这些项目应合并为一个收益，有助于优化收益的影响，简化剩余的收益实现管理过程。项目的业务方案通常会定义承诺的收益，并可用于在此过程中识别收益。这一识别步骤的一部分是识别与收益相关的变化（Bradley，2010）。当收益转移到组织中时，变化是不可避免的。变化可能是由于新的可交付成果导致的，但也可能是由于流程或人们工作方式的变化。

（2）收益分析和规划：一旦创建了所有收益的清单，下一步就是分析每个收益并规划其实现。这一步的结果是收益实现计划（BRP）。在分析阶段，每个确定的收益都会受到严格的审查。重点是特定的方面，例如实现收益的难度、转移和维持收益的难度、收益对整个组织的影响有多大。这一步的目的是确定一组收益。同样的逻辑也可以应用于规划管理，其中需要对收益进行优先排序。说起来容易做起来难。由于收益是计划和项目的重要组成部分，因此整个规划需要根据承诺的收益进行平衡。这是这一步骤的第二个部分。在分析了所有收益和相关项目之后，需要规划收益的实现。收益实现计划确定了何时实现收益以及谁最终负责实现。收益实现计划不仅关注收益，还关注其他有助于收益实现的活动（PMI，2013）。收益实现计划应纳入整体项目计划。

（3）收益管理：与任何计划一样，收益实现计划需要执行并落实（Ward和Daniel，2008）。这是收益管理步骤的一部分。这一步的总体目的是监控每个收益实现的进度。首先，负责收益实现计划的人应确定每个收益实现的进度，这会在某些预定的间隔内确定。在正常的项目执行过程中，环境和某些约束可能会发生变化。这将影响收益的实现，不仅会导致某些收益无法实现，还需要调整收益的影响。收益所有者应能够在这一步采取纠正措施，以确保收益的最佳实现。

（4）收益转移：在整个项目生命周期中都会实现和转移收益，而不仅仅是在项目的最后阶段。收益与项目的可交付成果相关联。一旦组织开始使用可交付成果，相关的收益就会实现。这一步的目标是确保收益转移到组织的各个运营部门或单位。一旦利用了收益，就会为组织创造价值。收益转移的一部分关注于接收收益所需的组织变革，以及确保收益纳入组织的日常运营。当项目团队有机会分享关于如何使项目的可交付成果达到全面运行状态的信息时，就会实现这一点（Phillips，2016）。组织领导者最终成为关键利益相关方，因为他们需要为这种不可避免的变革做好准备。

（5）收益保持：最后一步是尽可能长时间地维持收益，以最大化从收益中获得的价值。这一步的重点应是维持收益所需的活动或过程。这一步的重点在于以下几个方面（PMI，2016）：①优化收益，无论收益是有形的或无形的、短期的或长期的；②将收益转移给适当的利益相关方，这也包括适当的问责制；③将项目的可交付成果和能力移交给各业务所有者；④持续衡量已实现的收益，包括实现收益的时间框架；⑤是否已实现并捕获了意外的收益。

收益实现管理过程既不是一个独立的过程，也不是一个简单的附加过程。此过程需要纳入整体项目管理流程中，并应根据最佳实践进行管理（PMI，2013；Sowden，2011）。接下来产生了一个问题：谁对收益实现管理负责？下一节将简要介绍收益实现管理中的角色和责任。

8.3　收益实现管理中的角色和责任

根据 Aguilera（2016）的观点，收益实现管理失败的最重要原因之一是没有人真正知道监督工作的具体责任人。需要监督的部分有两项内容。第一，谁负责制定收益实现计划？第二，谁负责维持收益？特别是当项目实施过程中而非完成后才出现收益时，这将更加困难。

5 个不同的角色对收益成功实现具有重要作用——高管、业务负责人、规划主管、计划主管和项目主管。

（1）高管：高管只负责确保项目能为组织带来最大的价值。这将在项目可交付产品实现收益后得以实现，这些收益反过来为组织创造价值。这意味着高管应该对收益实现管理承担最终责任，并确保所有有利因素都到位，以最大化收益实现和维持。

（2）业务负责人：特定的业务单元将负责实施项目产品，这些产品对业务负责人来说具有初始价值。使用这些产品，将为该业务单元带来收益。业务单元或部门的业务负责人应负责监控和衡量收益，从而确保收益得到实现和维持。业务负责人应确保产品得到充分利用，以获取与产品相关的全部收益。

（3）规划主管：规划主管负责规划的制定、平衡、监督和控制。在汇编规划时，应考虑任何给定组成部分的相关收益。图 4-3 突出了规划管理流程，在评估和选择活动中，也应考虑收益。规划主管的职责是确保：①收益实现是规划管理流程的一部分；②收益得到实现，通过创造价值来提高规划的成功率。

（4）计划主管和项目主管：这两个角色负责起草收益实现计划，并负责这些计划的实施。他们在收益实现管理过程的第二、第三和第四个步骤中发挥积极作用。他们还必须确保组织有能力对项目产品进行控制和接管，以及相关收益的控制和接管。

计划和项目涉及的每个人都应该承担收益实现管理的责任。实际实现和维持收益的责任在于业务负责人。组织领导者应确保每个人都了解收益实现管理过程和他们的相关责任。图 8-2 绘制了收益实现管理过程中各角色的责任分布图。

图 8-2 强调，尽管在收益实现管理过程中责任有所重叠，但每个角色在该过程中都有明确的责任。不同的角色参与者需要了解收益的含义，以便对其进行管理。虽然他们应该能够识别、管理和维持收益，但往往不清楚收益是什么，以及它的维度。即使角色和责任得到明确界定，仍会面临阻碍收益管理的挑战。

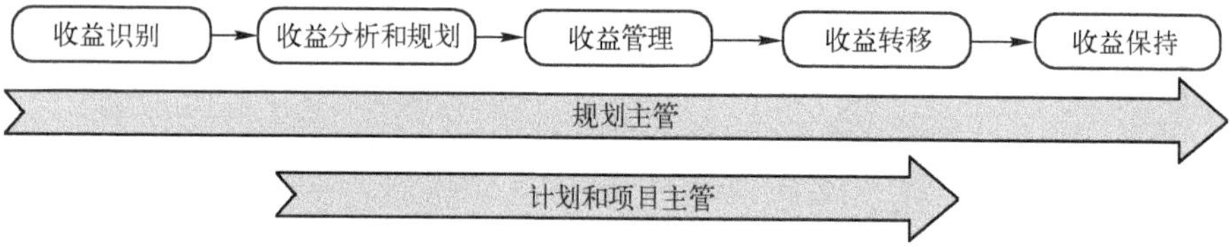

图 8-2　收益实现管理过程中的角色和责任

8.4　收益实现管理面临的挑战

虽然实现收益似乎并不困难，但在将收益实现管理过程嵌入到组织中之前，还有许多障碍需要克服。很明显，当项目管理和收益实现管理过程形成共生关系时，项目投资成功的机会就会增加（Badewi，2016）。下面简要概述了面临的挑战。

（1）一些组织没有建立收益实现管理过程，即使有也非常不规范，没有被制度化（Bennington 和 Baccarini，2004；Breese，2012）。

（2）业务方案主要用于从组织中获得资金（Marnewick，2014）。这导致了一个事实，即为了获得批准，收益常常被夸大（Bennington 和 Baccarini，2004；Chih 和 Zwikael，2015）。

（3）必须预测收益的基线和目标值。在实际交付收益之前，可能有 3~4 年的时间。这使得预测收益实现变得极其困难（Bennington 和 Baccarini，2004）。进而导致项目目标收益制定不当（Chih 和 Zwikael，2015）。

（4）Dhillon（2005）提出的另一个担忧是，组织领导者不知道如何衡量收益交付的价值，并且项目完成后很难评估收益。

（5）另一个挑战是量化无形收益。当决策必须基于这些无形收益时

(Aguilera，2016)，情况尤其如此。无形收益的例子是组织的品牌形象或市场份额。可以使用比较或情景分析等工具来量化无形收益。对于品牌形象，可以使用名为“The BrandAsset Valuator”的专有工具来衡量品牌的四个维度。

(6) 收益实现管理给现有项目增加了额外成本，因为它需要资源来管理收益。组织领导者有时不愿意考虑这种额外成本，并且不认为将收益实现管理过程嵌入组织中会有好处（Paivarinta，Dertz 和 Flak，2007）。

下一节将讨论收益的三个主要特征。

8.5　收益的主要特征

收益由三大要素组成：①收益详细信息；②依赖性，即收益需要的各种组织流程；③收益跟踪信息，即在整个收益实现管理过程中跟踪收益所需的必要信息。

(1) 收益详细信息：这一要素提供了关于收益的一般信息，至少包括以下内容。

① 编号：每个收益都应有一个唯一标识符，以便识别。其理由是，在规划内，可能会出现多个相同类型的收益描述，而一个独特的编号则更容易识别。

② 描述：每个收益都应有一个简短的描述，说明收益包含的内容。它必须简洁明了，但又有描述性。

③ 支持的组织目标：项目与组织策略和目标一致，收益也一样。在识别步骤中，每个收益必须映射到组织策略和目标，以及这些目标在多大程度上得到了收益的支持。一个收益可能支持一个或多个目标。

④ 对此收益有贡献的其他收益：一些收益并非单点实现的，而可能与其他收益相关。这在计划内尤其如此。确定这种相互关系很重要，如果一个收益无法实现，就可能会对另一个相关收益产生负面影响。

⑤ 收益的影响：需要量化收益的影响，甚至无形的收益也应以某种方式量化。收益的影响直接关系到收益的持续性。

⑥ 分类：收益可以分为不同的类别，如销售、盈利能力或生产率。分类用于确定在所有收益实现时，哪些收益将产生最大影响。

(2) 依赖性：收益依赖于组织内的各种流程和其他活动。此要素的目的是对依赖性有一个明确的认识，这种依赖性将对收益实现产生正面或负面影响。

① 收益所依赖的业务变更：收益的交付和维持依赖于组织变更。这些组

织变更包括改变人们的工作方式，甚至改变现有流程。这些业务变更需要尽早确定，以确保它们确实发生了。如果这些变更没有发生，可能会对收益的全面实现产生负面影响。

② 收益所依赖的早期收益：正如一个收益贡献于其他收益一样，其他收益也可能贡献于一个特定的收益。必须确定一个收益所依赖的早期收益。早期收益的无法实现将对收益的实现产生负面影响。

③ 收益无法实现的风险：业务方案通常将可交付成果的收益与成功相关联。高管必须提出问题：如果一些收益无法实现，而组织并未实际收到所承诺的内容，那么存在哪些风险？这是计划或项目更大风险评估的一部分。

（3）收益跟踪信息：在收益实现管理过程中需要跟踪收益。以下信息有助于所有参与者跟踪收益。

① 对收益负责的人：必须明确对实现收益负责的人。这可以根据 8.3 节中讨论的角色和责任来确定。

② 将接收收益的人：需要确定谁将接收可交付成果的收益。这并不是说谁是收益的所有者，而是指将从使用可交付成果中受益的人。

③ 测量信息：需要衡量利益，以确定它们是否实际兑现了业务方案中的承诺。应捕获的部分信息包括：如何跟踪衡量；基线值和目标值是什么；预期的收益交付日期是什么时候；什么时候将完全实现和维持收益；报告的频率如何。

了解收益的维度有助于所有参与者更容易理解特定收益的内容、相互依赖关系以及如何跟踪收益。通过各种维度捕获的信息，可以用于直观地显示组织战略和目标与不同收益之间的关系。这通常以收益依赖网络的形式完成。

8.6 收益依赖网络

Ward 和 Daniel（2012）认为，收益依赖网络是实施利益的方式。收益依赖网络是一种结构化图表，可以可视化实现者、变革和收益之间的多重因果关系。收益依赖网络的模板如图 8-3 所示。收益依赖网络是基于收益概况构建的。

整个收益依赖网络都依赖于业务目标，当且仅当业务目标发生变化时，收益依赖网络才会随之改变。在大多数情况下，业务目标与需要实现的收益之间存在一对多的关系。

在收益依赖网络的左侧，可以看到正常的计划或项目，这些计划或项目将带来对业务目标有所贡献的收益。这其中的两个重要方面是使能变更和业务变

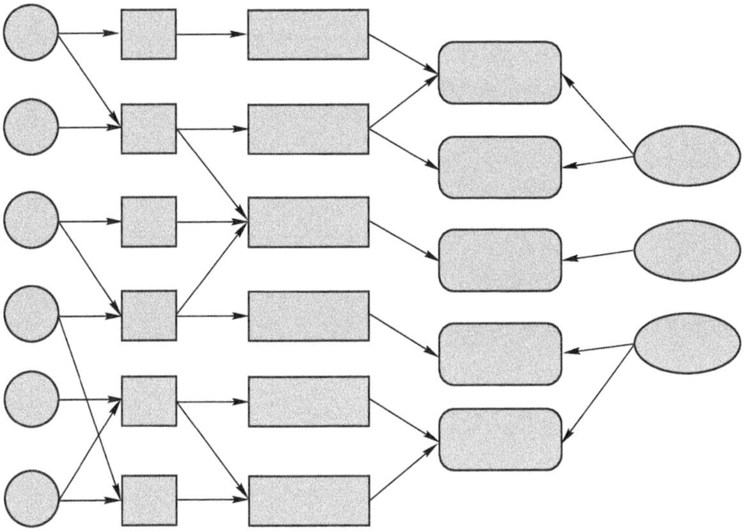

图 8-3　收益依赖网络

更。这些都是为实现和维持收益所必需的变更。业务变更是为了维持收益而提出的未来和永久的新的或不同的工作方式。使能变更是为了允许实现业务变更所必需的一次性变更（Ward 和 Daniel，2012）。

收益依赖网络清晰地突出了相互依赖关系，并为组织领导者提供了可视化的展示，说明项目、组织变更、收益和业务目标是如何相互关联和相互影响的。收益依赖网络应与收益实现计划（BRP）一起使用，以识别、管理、交付和维持收益。

收益实现网络突出了两方面内容。第一个方面展示了在整个收益实现计划（BRP）中如何跟踪和监控收益，第二个方面则涉及变更管理的概念。下面将进行讨论。

8.6.1　跟踪和监测收益

Aguilera（2016）提到，跟踪和监测收益实际上是组织领导者的一种决策工具。跟踪和监测所得出的指标用于根据项目一致性和最终收益持续性做出决策。在跟踪和监测收益方面，收益概况发挥着重要作用。收益概况的第三维度为项目主管提供了跟踪收益的相关信息。收益的每一个方面都需要进行跟踪和监控。因此，建议创建一个报告机制。这可能就像是一个简单的电子表格，其中列出了所有相关信息，如表 8-1 所列。

表 8-1 收益跟踪和监视表

序号	界定利益	测量	基线值	目标值	起始时间	结束时间	阶段汇报节点 1	阶段汇报节点 2	阶段汇报节点 3	阶段汇报节点 N	直接责任人
1	针对客户的最新应用程序	部署数量增加值	200	250	2018.01	2019.07	2018.03	2018.06	2018.09	2019.07	Ginger Levin

跟踪和监控收益当然很好，但是对这些信息如何处理呢？信息需要在所有参与者之间共享，以提高透明性，并强调可能对收益实现产生影响的潜在风险。

8.6.2 变更管理

没有组织内部的实质性改变，收益就无法实现。如图 8-3 所示，为了成功实现收益，需要两种类型的变更。最重要的变更集中在业务变化上，其重点在于整个业务必须如何变化，以接收和维持收益。

为确保进行适当的变更，所有参与者之间的沟通至关重要。确保发生这些变更是收益或业务所有者的责任。变更可能包括新的或经过修改的流程、新的工作方式，甚至业务文化的变化。无论发生何种变更，都应全面实施每项变更，以实现最大的收益。

8.7 收益实现管理成熟度

收益实现管理的最终目标是实现所有已设定的收益，并确保这些收益得以持续。只有当组织内部存在收益实现管理成熟度时，才能实现这一目标。波士顿咨询集团（2016）强调，收益实现管理成熟的组织能够实现已确定收益的可能性要高出 1.6 倍，实现单个项目投资回报的可能性要高达 3 倍。

与正常成熟度模型不同，收益实现管理成熟度并不经过阶段或级别，而是侧重于需要到位的组件。迄今已确定了三个组成部分。

（1）管理项目规划：第 6 章强调了一个概念，即项目的成功并非仅仅取决于三重约束，而是取决于一个连续体。业务和战略成功才是最终的成功。这通常是通过实现收益的价值来衡量的。在制定规划组成部分时，规划应考虑收益。收益实现应成为规划管理不可或缺的一部分。

（2）创建专门的对话空间：沟通是 PMBOK® 指南中的知识领域之一（PMI，2017），它指出了规划、计划和项目领域中沟通的重要性。在收益实现管理领域，所有四个主要角色之间应建立有效的对话。结果表明，收益或业务所有者、项目主管和高管的参与，为 64%的收益实现提供了条件。这意味着这三个角色之间必须建立持续的对话，以确保战略（由高管制定）转化为项目（由业务所有者负责），并实施和实现收益（由项目主管负责）。这种持续的对话可以识别出可能对实现收益产生影响的所有潜在风险和挑战。

(3) 创造成功的必要条件：组织领导者应确保实现收益最大化的必要条件。以下条件应予以重视。首先是所有角色的行为。应重点关注项目的定期评估，以确保：①项目仍然能够带来收益；②项目仍然与组织战略保持一致。其次是项目主管必须具备正确的技能——仅仅拥有技术技能已远远不够。项目主管还需要具备领导和战略管理的技能。这将使他们能够洞悉更大的图景，以及项目在组织更广泛领域中所扮演的角色。

当涉及收益实现管理成熟度时，追求神话般的成熟度 5 级并不是目标。目标是确保组织领导者表现出有利于交付和维持收益的成熟度水平。目标是确保组织领导者展现出有利于收益交付和持续性的成熟度。

8.8　高管在收益实现中的作用

收益的实现有着如此重要的作用，以至于高管都不能忽视它。更重要的是，高管应该更多地参与收益实现的管理，而不是参与项目管理。高管们通过业务方案参与项目的论证，这对整个组织都有好处。从图 8-2 中可以明显看出，责任人和组织领导者在整个收益实现管理过程中都参与其中。高管可以通过以下章节中描述的职责参与此过程。

8.8.1　收益分析与分组标准

下游问题通常是由上游缺乏规划和承诺造成的。这在收益实现管理（BRM）中尤其如此。确定收益并将其映射到相关业务目标是至关重要的。如果没有明确的指导说明如何界定和划分收益，那么就无法进行这种确定和映射。只有用一个正式的流程来确定收益时，这才能得以实现。高管应该发挥他们的作用，确保每个收益都有一个深思熟虑的收益概况，并为每个项目构建一个收益依赖网络。这可以确保在项目的初期就正确地确定了收益，从而更便于通过交付和持续维护来管理收益。

8.8.2　收益实现管理责任和问责

高管必须确保在收益实现管理流程中明确界定角色和责任。与项目主管和项目团队承担大部分责任的项目不同，收益实现管理流程从项目一开始就涉及业务。必须明确界定谁负责收益识别、收益管理、收益交付，以及最终的收益维护。每个人都在收益实现管理流程中发挥作用，但最终的责任只能由一个人承担，高管必须确保收益实现与特定角色相关联。正如新任组织 CEO 必须对其前任的决策负责一样，新业务所有者也应对收益维持负责。换句话说，实现收益的责任和问责制不在于个人，而在于组织内的特定角色。担任该角色的人必须确保实现收益。

8.8.3 将收益实现计划纳入项目计划

收益实现计划和项目计划是两个独立的计划吗？这是需要解决的一个关注点。给人一种印象，即收益实现是在项目之外管理的。事实并非如此，收益实现管理应该是任何项目不可或缺的一部分。因此，收益实现计划必须纳入项目计划中。这意味着项目主管必须根据项目生命周期管理收益，如图 8-2 所示。进一步的含义是，合并后的计划在项目完成时终止。业务所有者必须接管已交付的收益，并确定在正常运营期间如何维持这些收益。显然，不能有两个独立的计划。

8.8.4 文化变革

将收益实现管理融入组织是一场文化变革。高管不仅必须确保他们倡导这种新文化，还必须确保这种文化根植于组织之中。没有收益实现管理的文化，收益的最佳交付和维护将无法实现。高管需要积极支持收益实现管理，更重要的是要在决策中保持透明。

8.8.5 从战略角度看收益

Cooke-Davies（2016）指出，收益应该是规划、计划和项目管理的核心。原因在于，收益是战略成功的根本成功因素。项目创造了收益，而这些收益将被用于判断是否实现了价值。当收益被视为各职能部门的孤岛时，那么收益的最大潜力就无法得到实现。高管必须改变收益在各职能部门中成为孤岛文化的现状。当从战略或整体的角度看待收益实现管理时，实现收益最大化的潜力就会增加。收益实现管理应该成为规划管理的一部分，以便对其进行优化。

8.9 小　结

本章重点介绍了收益实现管理在规划、计划和项目管理中的重要性。首先从总体上介绍了收益实现管理的概念、成功实施收益实现管理面临的挑战以及收益实现管理的流程。由于人们对谁应该做什么存在混淆，因此重点介绍了相关角色和职责。在收益实现过程中，某些个体需要履行明确的职责。本章还讨论了收益概况和与之相关的收益依赖网络，并介绍了每个已确定收益所需的信息。本章确定了三个组件，有助于组织领导者实现更加成熟的收益实现管理状态。本章最后概述了高管在收益实现管理中的作用。

本章强调了收益实现管理在组织中的重要性。归根结底，收益实现管理是实现价值的主要手段。通过创造价值，战略和业务目标得以实现。由于收益实现管理很重要，因此不能将其视为单独的过程，而应将其纳入规划、计划和项目管理中。收益用于确定项目规划，并将收益实现计划纳入项目计划中。收益实现管理应该成为项目管理不可或缺的一部分，需要进行文化变革，使收益实现管理在管理计划和项目时占有一席之地。本章强调，收益实现管理不是可选项，而是必选项。

项目生命周期已经发生改变。高管需要认识到，项目生命周期扩展到了收益交付和收益维护阶段。就生命周期扩展至运营而言，这对项目的管理方式提出了挑战。积极的一面是，项目被纳入整个组织系统，无法与运营脱离。

8.10　参考文献

Aguilera, I. (2016). Delivering Value: Focus on Benefits During Project Execution. Newton Square, PA, USA: Project Management Institute. Retrieved from http://www.pmi.org/-/media/pmi/ documents/public/pdf/learning/thought-leadership/pulse/benefits-focus-during-project-execution.pdf.

Badewi, A. (2016). The Impact of Project Management (PM) and Benefits Management (BM) Practices on Project Success: Towards Developing a Project Benefits Governance Framework. International Journal of Project Management, 34(4), 761-778.

Bennington, P., & Baccarini, D. (2004). Project Benefits Management in IT Projects - An Australian Perspective. Project Management Journal, 35(2), 20-31.

Bradley, B. (2010). Benefit Realisation Management: A Practical Guide to Achieving Benefits through Change (2 ed.). Surrey, England: Gower Publishing Limited.

Breese, R. (2012). Benefits Realisation Management: Panacea or False Dawn? International Journal of Project Management, 30(3), 341-351.

Chih, Y.-Y., & Zwikael, O. (2015). Project Benefit Management: A Conceptual Framework of Target Benefit Formulation. International Journal of Project Management, 33(2), 352-362.

Cooke-Davies, T. (2016). The Strategic Impact of Projects-Identify Benefits to Drive Business

Results. Retrieved from http://www. pmi. org/learning/thought-leadership/pulse/identify- benefits-business-results

Dhillon, G. (2005). Gaining Benefits from IS/IT Implementation: Interpretations from Case Studies. International Journal of Information Management, 25(6), 502-515.

Marnewick, C. (2014). The Business Case: The Missing Link between Information Technology Benefits and Organisational Strategies. Acta Commercii, 14(1), 1-11.

Marnewick, C. (2016). Benefits of Information System Projects: The Tale of Two Countries. International Journal of Project Management, 34(4), 748-760.

Paivarinta, T., Dertz, W., & Flak, L. S. (2007, January). Issues of Adopting Benefits Management Practices of IT Investments in Municipalities: A Delphi Study in Norway. Paper presented at the 40th Annual Hawaii International Conference on System Sciences, 2007 (HICSS 2007), Mãnoa, Hawaii, USA.

Phillips, R. (2016). Beyond the Project: Sustain Benefits to Optimize Business Value. Newton Square, PA, USA: Project Management Institute. Retrieved from http://www. pmi. org/ learning/ thought-leadership/ pulse/ sustain-project-benefits-optimize-value.

Project Management Institute. (2013). The Standard for Program Management (3 ed.). Newtown Square, PA, USA: Project Management Institute.

Project Management Institute. (2016). Benefits Realization Management Framework. Newton Square, PA, USA: Project Management Institute. Retrieved from http://www. pmi. org/learning/ thought-leadership/ series/ benefits-realization/ benefits-realization-management- framework.

Project Management Institute. (2017). A Guide to the Project Management Body of Knowledge (PMBOK® Guide) (6 ed.). Newtown Square, PA, USA: Project Management Institute.

Sowden, R. (2011). Managing Successful Programmes. London, UK: The Stationery Office.

The Boston Consulting Group. (2016). Connecting Business Strategy and Project Management. Newton Square, PA, USA: Project Management Institute. Retrieved from http://www. pmi. org/ learning/ thought-leadership/ series/ benefits-realization/ connecting-business-strategy-project-management.

Ward, J., & Daniel, E. (2008). Benefits Management: Delivering Value from IS & IT Investments. West Sussex, England: John Wiley & Sons.

Ward, J., & Daniel, E. (2012). Benefits Management: How to Increase the Business Value of Your IT Projects (2 ed.). West Sussex, England: John Wiley & Sons.

第9章　项目管理的可持续性

21世纪的首要使命是提升全球人民的生活水平，
并尽可能保护其他生命。

——爱德华·威尔逊①

可持续性、可持续发展（SD）、全球变暖和企业社会责任（CSR）——这些词汇在世界各地的会议室里频繁出现。然而，关于它们的具体含义、可持续性对组织和项目管理的影响，以及它在全球变暖相关辩论中的地位，却仍未达成共识。尽管如此，那些已经将可持续性作为重要议题的组织中，项目还是得到启动和实施。这意味着项目主管也应该将可持续性纳入他们的议程。主要的问题在于，可持续性是否被列入主要议程议题，还是仅仅被当作备注事项。

为了确定可持续性是否应成为主要议程议题或备注事项，本章首先关注可持续发展的概念，以及所有相关的定义。另外，还讨论了各种标准和指导原则。9.2节和9.3节深入探讨了如何将可持续性纳入项目管理，并在此过程中提出了一个问题：规划、计划和项目主管是否需要具备与可持续性相关的能力。9.4节讨论了成熟度的概念，以及项目主管应该对可持续性充满热情，而不仅仅是遵守最低限度的法规。本章最后介绍了一个可持续性模型，以及高管在创建项目管理可持续性工作方式中所发挥的作用。

9.1　可持续性的概念

在讨论可持续性时，各种概念和定义经常被混用。可持续发展的概念重点参考了布伦特兰的定义，即"满足当前需求，同时不损害未来世代满足自身需求能力的发展"（WCED，1987）。可持续性本身关注三个维度——经济（利润）、环境（地球）和社会（人）（Silvius等，2012）。这意味着，当组织

---

① 引自 https://www.goodreads.com/author/quotes/31624.Edward_O_Wilson.

领导者想在组织内实施任何变革时，该变革必须在可持续发展的定义中考虑这三个维度。不应将可持续性和可持续发展与企业社会责任相混淆。企业社会责任是指有利于社会的商业实践（Marcelino-Sádaba，González-Jaen 和 Perez-Ezcurdia，2015）。当组织领导者支持慈善事业时，某些企业社会责任实践可能被视为公关行为。另外，当组织领导者真正关注减少靠近城镇工厂的气体排放时，这也被视为企业社会责任。

定义可持续性很容易，但将可持续性纳入组织的日常运营中却非易事。Benn、Edwards 和 Angus-Leppan（2013）认为，组织领导者很难理解如何解决这个问题。当组织领导者将可持续性纳入组织的三个管理层级时，这一说法同样适用。可持续性的成功或失败在很大程度上取决于组织领导者是否理解可持续性，以及他们是否接受它（Thomas 和 Lamm，2012）。当存在孤立心态时，无法在组织内解决可持续性问题。为了取得成功，可持续性需要采用全面和整体的方法（Benn 等，2013）。

为了实现可持续发展，组织领导者必须在三个可持续性维度之间取得平衡。对于组织领导者来说，不仅在战略层面，也包括在操作层面，纳入可持续性原则都存在挑战。需要通过将业务和项目活动与可持续发展原则相结合来实现（Hope 和 Moehler，2014）。

9.1.1 可持续性的标准和指南

在过去的几年里，各组织发布了一些参考指南，组织领导者可以利用它们来解决可持续发展问题。一些指南提供了需要解决的原则或概念，而其他指南则提供了如何报告和整合可持续发展的方法。

（1）联合国全球契约：联合国确定了 10 项原则，分为四组（United Nations Global Compact，2014）。第一组涉及人权，包含两项原则，其中：原则一指出，组织应支持和尊重保护国际公认的人权；原则二指出，组织必须确保自身不参与侵犯人权的行为。第二组侧重于劳工，包含四项原则，其中：原则三关注组织应维护结社自由，并有效承认集体谈判的权利；原则四指出，必须消除一切形式的强迫和强制劳动。原则五关注有效废除童工；原则六指出必须消除就业和职业方面的歧视。第三组侧重于环境，包含三项原则，其中：原则七指出，企业应对环境挑战采取预防性措施；原则八关注组织可以采取的举措，以促进更大的环境责任；原则九则鼓励开发和推广环保技术。第四组（反腐败）中的原则十侧重于企业应对所有形式的腐败，包括勒索和贿赂，采取行动。

（2）全球报告倡议组织（GRI）：全球报告倡议组织帮助组织和政府理解

和传达其业务对关键可持续发展问题的影响，例如气候变化、人权和腐败（Global Reporting Initiative，2011）。全球报告倡议组织与联合国全球契约合作。全球报告倡议组织的报告框架包含针对特定行业的内容，同时也包括普遍适用的内容。当组织领导者报告可持续发展时，他们需要报告以下绩效指标。其中：①经济绩效指标有 9 个，涉及 3 个方面——经济绩效、市场地位和间接经济影响。②环境绩效指标有 30 个，涉及材料，能源，水，生物多样性，排放、废水和废物，产品和服务，合规，交通，整体绩效。③总体社会绩效指标涉及 6 个方面——就业、劳资关系、职业健康和安全、培训和教育、多样性和平等机会，以及男女平等报酬。④人权绩效指标涉及 9 个方面：投资和采购做法；不歧视；结社自由和集体谈判；童工；强迫和强制劳动；安全做法；土著权利；评估；补救措施。⑤社会绩效指标涉及 5 个方面，重点关注当地社区、腐败、公共政策、反竞争行为和合规。⑥产品责任绩效指标是最后一个绩效指标，重点关注客户健康和安全、产品和服务标签、营销沟通、客户隐私、合规。

（3）ISO 26000/14001：ISO 26000《社会责任指南》重点关注企业社会责任对可持续发展的贡献（ISO，2010）。该标准分为 7 项条款。条款一和条款二提供了范围、术语和条件。条款三描述了影响企业社会责任的重要因素和条件，以及它的含义和组织领导者应如何应用它。条款四解释了企业社会责任的原则。条款五关注组织领导者应如何在组织内部和随后与利益相关方接触时认识企业社会责任。条款六解释了与企业社会责任相关的核心主题和关联问题，其中核心主题包括人权、劳工做法、环境和公平经营做法。条款七提供了将企业社会责任纳入组织的指导。ISO 14001 是一个国际标准，规定了环境管理体系的要求。它有助于组织通过更有效地利用资源和减少浪费、获得竞争优势以及获得利益相关方的信任，从而提高其环境绩效。

9.2　项目管理的可持续性

项目管理的可持续性应侧重于将经济、社会和环境这三个维度融入项目的生命周期。因此，可持续性应从启动阶段开始，直至收益实现和维持阶段。正如收益实现应融入项目生命周期一样，可持续性也应融入规划、计划和项目管理等工作。除此之外，产品本身也应符合产品责任绩效指标，为组织的整体可持续性做出贡献。

尽管有各种国际标准和指南，但现有的项目管理标准未能解决可持续性问题（Hope 和 Moehler，2014）。PMBOK®指南简要地提到了可持续性是需要考虑的一个要求，但没有提供任何关于如何实现可持续性的额外信息（PMI，2013）。其他标准和方法论，如 APMBOK 和 PRINCE2®，也未提及将可持续性融入项目管理。

Garies，Huemann 和 Martinuzzi（2013）的分析也表明，项目管理标准并未明确阐述可持续性。然而，在各种项目管理标准中，可以找到与可持续性相关的内容。这些内容包括道德、社会敏感性、透明度、社会责任、诚实和公平。由于项目管理标准缺乏指导，Silvius 等（2012）制定了一个项目主管可以使用的检查表，以衡量其项目环境中的合规性。该检查表基于三个可持续性维度，并详述于表 9-1 中。

表 9-1　项目管理检查表中的可持续性

经 济 层 面	社 会 层 面	环 境 层 面
投资回报率 业务敏捷性	社会和客户 劳动实践和体面工作 道德行为 人权	水 物资 运输运输 能源 垃圾
注：数据来自 Silvius 等人（2012 年）		

检查表包含 11 个条目，其中每个条目都有需要检查的子条目。有 36 个项目需要被检查并融入项目生命周期中。这个检查表本身并不能保证项目管理的可持续性。GPM® Global（2014）认为，当涉及项目管理的可持续性时，项目的产品或可交付成果应该是焦点。产品本身应该遵守可持续性的维度，但这些维度也应该被融入项目生命周期、过程和各个知识领域。

项目主管需要平衡这三个维度与项目和组织的需求。这种微妙的平衡受到 Garies 等（2013）所提到的两项额外考虑因素的影响。第一个考虑因素是项目的短期目标与组织必须保持可持续性的长期目标之间存在的直接冲突。项目主管做出决策，不仅必须基于项目最佳利益，也要考虑到对组织长期最有利。第二个复杂性在于，项目主管所做的决策和行动对当地、地区和全球都有直接影响。决策及其后果的影响更加深远，看似对项目有利的决策可能会对世界另一端的某些地区产生负面影响。

可持续性报告也成为项目主管必须考虑的一个重要方面。可持续性报告可以成为常规报告的一部分，但项目结束时必须提交一份综合报告。该报告可以遵循 GRI 的指南。然后，可以在规划管理层面上将这些单独的项目管理可持续性报告汇总成一份综合报告，突出展示规划本身如何促进组织的可持续性发展。考虑和报告可持续性会给项目主管增加额外的工作。然而，Deland

(2009) 指出，考虑可持续性会给项目主管带来一些好处。这些好处包括增加了项目主管的角色价值，培养了领导和谈判技能，提高了项目主管的知名度，最重要的是，它帮助项目主管采用新的思维方式，如系统思维和精益实践。

项目管理的可持续性类似于收益实现管理，它影响了规划以及后续计划和项目的管理方式。项目管理的可持续性应该与看待收益的方式一样，可以使用收益依赖网络等工具来创建可持续性影响网络（SIN）。这样的工具可以为所有利益相关方提供对规划中可持续性的全面了解，以及各种计划和项目如何影响彼此的可持续性议程。

9.3　项目管理能力的可持续性

当项目主管缺乏整合可持续性的必要能力时，理解可持续性并建立指导项目主管如何采用可持续性模型，是毫无价值的。Silvius 和 Schipper（2014）认为，实现可持续性的责任在于项目主管，因此他们应该具备支持可持续发展的能力。必须指出，没有任何能力框架明确阐述过可持续性的概念。《国际项目管理资质认证标准（IPMA ICB®）》中提到，可持续性是项目主管需要具备的诸多能力之一，通过这种能力，项目主管可以确保项目对组织的使命和可持续发展做出贡献（IPMA，2015）。在《国际项目管理资质认证标准》中，可持续性还在以下能力中有所体现：①合规、标准和法规；②文化和价值观；③个人诚信和可靠；④采购。

项目主管应该具备技能、能力和知识，以改变与三个可持续性维度相关的行为，而非“这些改变仅仅是对现有问题的反应”（de Haan，2010）。在这篇文章中，de Haan 提出了 12 种可以帮助项目主管改变行为的能力，具体如下：

(1) 应该以开放的心态收集知识，这种心态愿意接纳一个不断融合新视角的世界。

(2) 项目主管应该以前瞻性的方式思考和行动。

(3) 项目主管应该以跨学科的方式获取知识。

(4) 项目主管应该能够处理不完整和过于复杂的信息。

(5) 在决策过程中，项目主管应该能够合作，分析关于可持续发展的不同观点，并以讨论的方式处理争议。

(6) 项目主管应该能够应对个别问题，评估当前行动的影响，以及会如何影响他们的未来决策。

(7) 项目主管必须参与集体决策过程。

(8) 项目主管应该能够成为可持续发展的积极倡导者，并激励团队成员也成为积极倡导者。

(9) 反思是一项重要的能力，项目主管应该反思自己以及团队成员的原则。

(10) 在决策和规划中项目主管应该主动接纳并促进公平。

(11) 项目主管应该自主规划和行动，并应该了解并重新考虑自己的个人权利、需求和利益，以实现可持续发展。

(12) 项目主管应该对弱势群体表示同情和声援。

这份能力清单直接指向了项目主管角色和责任的核心，而不一定是各种能力框架所描述的硬能力。可持续发展能力应成为一种生活方式，并融入项目主管的工作方式。

9.4 项目管理可持续性成熟度模型

项目管理中，成熟度的概念非常普遍。同样，项目管理的可持续性成熟度也是如此。项目管理可持续性成熟度可以从两个层面进行测量。第一个层面由 Silvius 和 Schipper（2015）提出，侧重于项目管理中的可持续性成熟度，而第二个层面则更多地关注项目的可交付成果以及这些成果如何促进可持续发展（Hope 和 Moehler，2014）。

项目主管对可持续性的承诺分为 5 个阶段或等级。这些等级从被动到主动，展示了项目主管对可持续性原则的承诺。第一阶段是项目主管未能遵守现行规定。这样的项目主管是机会主义者，头脑中并没有参与可持续性的概念。达到第二阶段时，项目主管会遵守所有相关的环境和社会规定。这一层次可以与项目管理成熟度模型的第三层次相比较，其中基本的流程已经建立。第三阶段关注项目主管如何引入可持续性活动。必须注意的是，这些活动是基于单个项目主管的努力，而不是所有项目主管都接受的整体方法。达到第四阶段时，项目管理界（包括规划主管、计划主管、项目主管和项目管理办公室）的每个人都意识到可持续性的重要性，以及他们可以从可持续性活动中获得的价值，并将可持续性纳入各种项目的战略中。当项目也创造出对社会和环境改进的责任感，并为建设更美好的世界做出贡献时，就达到了第五阶段（Silvius 和 Schipper，2015）。这五个等级如图 9-1 所示。

Hope 和 Moehler（2014）认为，项目本身可以根据其可持续性构成的等级进行分类。他们确定了以下 4 个类别：①基于定义的可持续；②基于项目影响的可持续；③基于成果影响的可持续；④一般性可持续（Hope 和 Moehler，2014）。这与 Silvius 和 Schipper（2015）的成熟度等级有重叠，但更侧重于产

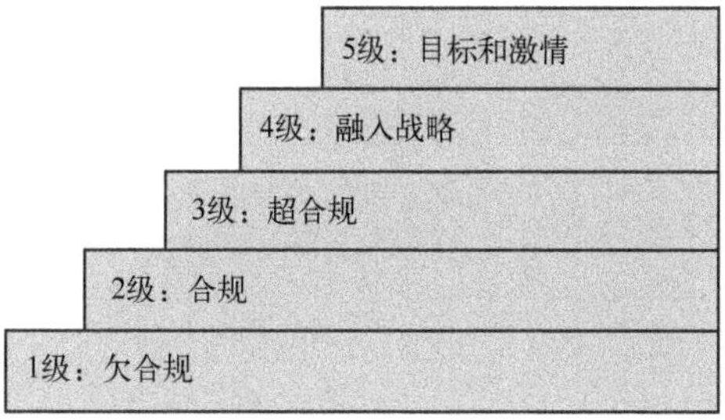

图 9-1　项目管理可持续性成熟度等级（改编自 Silvius 和 Schipper，2015）

品本身的影响。虽然项目主管应该将可持续性原则融入各自的项目中，但重点也应该放在成果对可持续发展的影响上。必须注意的是，当一个项目被标记为更高的等级或类别时，会花费更多的时间和努力。

9.5　项目管理可持续性模型

前文已述，为了达到成熟度 5 级，应在整个项目生命周期中融入可持续性原则。无论采用哪种项目管理标准或方法，可持续性都应成为项目主管关注的重点之一。

首先，需要解决的是如何将可持续性融入各个知识领域。Silvius 等（2012）提供的检查表可以用来解决这个问题。一个实用的例子就是项目采购管理的知识领域。当必须决定采购材料时，应提出以下问题：运输材料对环境有何影响？制造材料时是否使用了童工或强制劳动？特定材料制造过程中对环境有何影响？以检查表为基础，可以提高项目团队、利益相关方和业务所有者对可持续性的认识。这种认识最终将会促使成熟度达到 5 级，那时，可持续性将是目的和激情所在。每个知识领域都可以使用检查表作为基础，以达到成熟度 5 级。

其次，为了实现成熟的项目管理可持续性水平，应将可持续性纳入项目的生命周期和流程中。从知识领域的角度来看待可持续性只能提供一次性的观点，但如果将可持续性视为整个项目生命周期的一部分，那么可持续性就会嵌入到整个项目中。最终目标是使用全球报告倡议作为指南在项目结束时报告可持续性。

最后，应关注项目本身的可交付成果是否有助于组织的可持续发展。当一个组织的最终收益和可交付成果有助于组织的可持续性时，就实现了组织的可持续发展。图 9-2 提供了一个简化的项目管理可持续性模型。

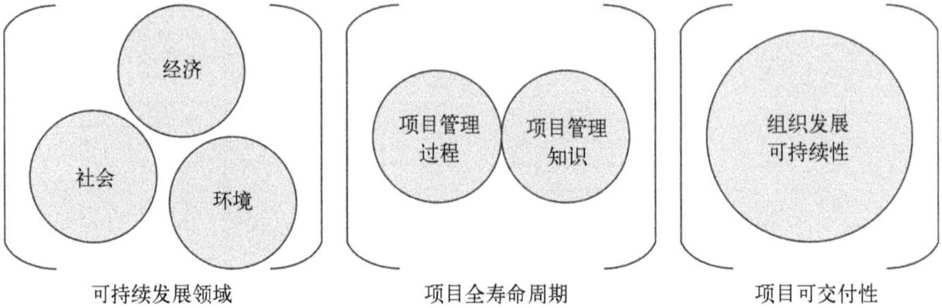

图 9-2　项目管理可持续性模型

这三方面可持续性因素应支持或融入项目生命周期。项目生命周期由各种项目管理流程和知识领域构成。可以使用项目管理可持续性检查表来确定如何在项目生命周期中融入或解决可持续性问题。在项目生命周期结束时，将向组织引入可交付成果。这一可交付成果为组织带来了变革和收益，而最终的目标应该是各个项目的可交付成果为组织的可持续发展做出贡献。

9.6　高管在可持续性项目管理中的作用

有效的组织治理与可持续发展之间存在正相关关系（Aras 和 Crowther，2008）。为了使可持续发展在组织内部层级中发挥作用，并在规划管理中找到应有的位置，高管必须确保他们遵守并坚持组织治理原则。那么，可持续发展将成为组织内部的工作方式。具体来说，针对项目和项目群管理，高管可以通过多种方式来推动可持续发展议程。

9.6.1　推动可持续发展议程

高管应该做的第一件事就是将可持续发展置于组织议程的首位。可持续发展应成为一个备受关注并能够获得必要资金的议程。高管应该真正接受可持续发展的原则，而不应该仅仅为了讨好环保人士而表面上迎合这些原则。以回收利用为例，应该在整个组织内放置回收纸张的收集容器，并培养一种循环利用的生活方式。当可持续发展成为公司议程上的重要议题时，它自然会融入项目管理议程中。

9.6.2　将可持续性纳入规划、计划和项目

正如可持续发展应该成为组织议程的一个项目，它也应该成为规划、计划

和项目管理议程的一部分。仅仅将可持续性纳入项目管理是远远不够的。可持续发展应该成为整个领域的一部分，高管应该关注以下两个方面。第一个方面在于规划、计划和项目主管应该对可持续发展有所了解。这可能涉及一些培训或宣传，但规划、计划和项目主管不能对可持续发展一无所知。第二个方面是确保可持续发展在规划、计划和项目管理的所有层面都能得到落实。正如项目管理有可持续发展检查表一样，规划和计划管理也应该有检查表。在三个层面解决可持续发展问题，可以确保在领域以及整个组织内推广可持续发展议程。

9.6.3　提升规划、计划和项目成熟度

可持续发展应该从欠合规或合规水平发展到成熟水平，此时参与项目和项目管理的每个人都对可持续性及其在促进可持续发展方面所能发挥的作用充满热情。需要确定、关注并纠正不足之处，以确保达到成熟度 5 级。与项目管理成熟度不同，项目管理成熟度 3 级已经足够，但在可持续性项目管理中，更倾向于达到成熟度 4 级或 5 级。每个项目都会根据其可持续性维度以及各个方面的处理程度，按照五级成熟度标准进行衡量。对于查明的不合规领域，应通过培训、宣传以及最常见的改变态度来加以解决。

9.6.4　可持续性报告

高管必须每年对可持续发展进行报告。这一要求必须向下推动至计划和项目主管。项目中关于可持续性的报告必须是强制性的，并应成为成功标准之一。报告应基于全球报告倡议指南。可持续发展报告将为项目主管增加额外的工作量。但是，当高管认真对待可持续发展时，应该解决可持续发展报告的问题。必须明确的是，可持续发展报告是更大图景的一部分，报告是强制性的，而不仅是可选的。

9.6.5　可持续发展能力

前几章强调了项目主管应该掌握的各种能力的重要性。本章所强调的能力与前面讨论的偏技术性的能力有所不同。高管应确保规划、计划和项目主管应具备可持续发展方面的必要能力。遗憾的是，这些能力并不容易获得或掌握。de Haan（2010）所强调的能力并不是通过参加课程并基于其相关认证而获得的。这些能力更像是一种生活方式，直接体现了项目主管的本质和灵魂。这些能力在可持续性成为组织文化一部分的理想情况下蓬勃发展。如果组织文化仅仅基于利润，那么这些能力就不会蓬勃发展。因此，高管有责任创造一个重视

可持续发展的环境。Kiron 等（2013）在关于可持续发展的专题研究中强调了 10 种能力，这些能力能够区分可持续发展处于领先地位的组织。同时，这些能力只能从高管层面开始，这意味着可持续发展议程是从高层推动的，项目管理中的可持续发展必须得到高管的支持。

9.7 小　结

本章强调了项目管理中的可持续发展概念。尽管各种出版物和研究报告表明了可持续发展的重要性，但当前的项目管理标准和方法论并未直接讨论可持续性。本章第一部分重点关注可持续性的总体定义以及各种可以帮助组织将可持续性融入其中的标准和准则。第二部分专门针对项目管理中的可持续性。Silvius 等（2012）提出的检查表可作为融入可持续性的方法。为了将可持续性融入项目管理，项目主管必须具备一定的能力，本章强调这些能力不是可以教授的，而是实际的生活方式。本章还讨论了成熟度的概念，即要从遵规守纪转向一个更高阶段或水平，使可持续性成为综合战略的一部分。概念模型表明，可持续性应在整个价值链中得到解决，而不仅是在常规的项目管理过程中。项目交付成果必须是可持续的，并为组织的可持续性做出贡献。

可持续性已不再是一种选择。规划、计划和项目主管应意识到，这是需要增加项目总体复杂性的另一个方面。项目主管必须熟悉可持续性，以及如何将其融入项目管理生命周期。他们还应意识到，他们的项目和项目交付成果的可持续性有助于组织整体的可持续发展。正如收益有助于组织的整体健康一样，可持续性也有助于组织的整体健康。

人们期望组织成为负责任的组织，可持续性被视为衡量这种责任的标准。项目本身有助于组织成为负责任的组织，但只有以可持续的方式管理项目，才能做到这一点。

9.8 参考文献

Aras, G., & Crowther, D. (2008). Governance and Sustainability: An Investigation into the Relationship between Corporate Governance and Corporate Sustainability. Management Decision, 46 (3), 433-448.

Benn, S., Edwards, M., & Angus - Leppan, T. (2013). Organizational Learning and the

Sustainability Community of Practice: The Role of Boundary Objects. Organization & Environment,26(2),184-202.

de Haan,G. (2010). The Development of ESD-Related Competencies in Supportive Institutional Frameworks. International Review of Education,56(2),315-328.

Deland,D. (2009). Sustainability through Project Management and Net Impact. Paper presented at the 2009 PMI Global Congress,Orlanda,FL,USA. http://www.pmi.org/learning/library/sustainability-goals-achieving-framework-technique-6776.

Garies,R.,Huemann,M.,& Martinuzzi,A. (2013). Project Management and Sustainable Development Principles. Newtown,PA,USA:Project Management Institute.

Global Reporting Initiative. (2011). Sustainability Reporting Guidelines. Retrieved from https://www.globalreporting.org/resourcelibrary/G3.1-Guidelines-Incl-Technical-Protocol.pdf.

GPM Global. (2014). The GPM® P5™ Standard for Sustainability in Project Management (p. 30). Noir,MI,USA:GPM® Global.

Hope,A. J.,& Moehler,R. (2014). Balancing Projects with Society and the Environment:A Project,Programme and Portfolio Approach. Procedia—Social and Behavioral Sciences,119(0),358-367.

International Organization for Standarization. (2010). ISO 26000—Social Responsibility (p. 118). Geneva:Switzerland:International Organization for Standarization.

International Project Management Association. (2015). Individual Competence Baseline for Project,Programme & Portfolio Management,Version 4.0 (p. 416). Zurich,Switzerland:International Project Management Association.

Kiron,D.,Kruschwitz, N.,Rubel, H.,Reeves, M. J.,&Fuisz-Kehrbach, S. (2013). Sustainability's Next Frontier: Walking the Talk on the Sustainability Issues That Matter Most. Retrieved from http://sloanreview.mit.edu/projects/sustainabilitys-next-frontier/.

Marcelino-Sádaba,S.,González-Jaen,L. F.,& Pérez-Ezcurdia,A. (2015). Using Project Management as a Way to Sustainability. From a Comprehensive Review to a Framework Definition. Journal of Cleaner Production,99,1-16.

Project Management Institute. (2013). A Guide to the Project Management Body of Knowledge (PMBOK® Guide) (5 ed.). Newtown Square,PA,USA:Project Management Institute.

Silvius,A. J. G.,& Schipper,R. P. J. (2014). Sustainability in Project Management Competencies:Analyzing the Competence Gap of Project Managers. Journal of Human Resource and Sustainability Studies,2(2),40-58.

Silvius,A. J. G.,& Schipper,R. (2015). Developing a Maturity Model for Assessing Sustainable Project Management. The Journal of Modern Project Management,3(1),17-27.

Silvius,A. J. G.,Schipper, R.,Planko, J.,Van den Brink, J.,& Köhler, A. (2012). Sustainability in Project Management. Surrey,England:Gower Publishing.

Thomas, T. , & Lamm, E. (2012). Legitimacy and Organizational Sustainability. Journal of Business Ethics, 110(2), 191-203.

United Nations Global Compact. (2014). Guide to Corporate Sustainability. Retrieved from https://www.unglobalcompact.org/docs/publications/UN_Global_Compact_Guide_to_ Corporate_Sustainability.pdf.

World Commission on Environment and Development. (1987). Our Common Future (Oxford Paperbacks). Oxford, UK: Oxford University Press.

第 10 章　项目治理与审计

做正确的事情，任何时候都是好时机。

——马丁·路德·金①

本章主要关注在企业治理的大环境下，如何在项目环境中做正确的事。由于企业场景中各种丑闻频发，企业治理成了热门话题。因此，这一讨论自然延伸到了项目治理上。当实施大型基础设施项目时，如巴拿马运河扩建工程或土耳其的马尔马拉隧道，这一讨论尤为重要。尽管大型基础设施项目中的诱惑更大，但在每个项目中，无论规模大小或成本高低，都应培养一种治理文化。即使存在特殊情况，重点也应始终放在做正确的事上。收益实现管理、可持续发展和治理等概念相互关联，任何一个概念的崩溃将对另外两个概念产生负面影响。

本章分为两部分。第一部分关注项目治理，第二部分关注项目审计。10.1 节探讨了企业治理与项目治理之间的关系。10.2 节关注项目治理及其与项目管理和监管的关系。10.3 节和 10.4 节关注项目治理与项目成功率以及各自的角色和责任。10.5 节提供了一个项目治理框架。10.6 节介绍了项目审计。10.7 节讨论了不同类型的项目审计。10.8 节提供了一个连续项目保证模型，并总结了高管在项目治理和审计文化的建立中可以发挥的积极作用。

10.1　企业和项目治理

从 14 世纪的商人发展到 21 世纪的现代企业集团，企业对治理的需求源于商业发展和商业运营的扩张（Clarke 和 Branson，2012）。随着注册的公共和私人组织的出现，各国的立法都要求向股东报告和披露组织的财务状况和活动。这是通过实施正式的审计实践来完成的。企业治理存在各种定义和解释——例如，世界银行认为，企业治埋是在满足组织的财务和其他法律和合同义务的前

① 引自 https://www.brainyquote.com/quotes/quotes/m/martinluth106169.html.

提下实现价值最大化的一种方式（Iskander 和 Chamlou，2000）。企业治理也被视为建立具有适当制衡的结构和流程，使董事能够履行其法律责任（Institute of Directors Southern Africa，2016）。

为了确保企业治理得到实施，各国都出台了企业治理的立法措施或指南。20 世纪 80 年代，在大量企业倒闭之后，基于企业立法、交易所规则、会计准则和组织法，建立了治理准则。目前存在多种解决企业治理问题的观点。主要的报告或视角如下。

（1）吉百利报告：正式名称为《企业治理的财务事项》，提供了关于董事会和会计制度的安排建议，以减少与企业治理相关的风险和失败（Cadbury，1992，2002）。

（2）经济合作与发展组织（OECD）：聚焦于 6 项原则，“旨在帮助决策者评估和改善企业治理的法律、监管和制度框架，以支持经济效率、可持续增长和金融稳定”（OECD，2015）。这 6 项原则包括：①公司治理框架；②股东和关键所有权的权利和公平待遇；③机构投资者和股票市场；④利益相关方；⑤披露和透明度；⑥董事会的责任。

（3）《2002 年萨班斯-奥克斯利法案》：该法案是针对一系列重大企业和会计丑闻的影响而制定的。该法案共有 11 节，规定了私人组织董事会的责任（Moeller，2008）。这 11 节包括：①设立公众公司会计监督委员会；②审计独立性；③企业责任；④加强财务披露；⑤分析师利益冲突；⑥证券交易委员会（SEC）的权力和资源；⑦研究和报告；⑧企业欺诈与刑事责任；⑨加强白领犯罪处罚；⑩企业所得税申报表；⑪企业欺诈问责（Maurizio，Girolami 和 Jones，2007）。

（4）King Ⅳ：这份南非报告包含了旨在加强企业治理的原则和推荐实践（Institute of Directors Southern Africa，2016）。该报告关注四个方面。第一个方面突出治理机构的主要治理作用和责任。第二个方面讨论了 17 项原则，这些原则侧重于企业有效治理的过程。第三个方面介绍支持和实施这些原则的实践。第四个方面涵盖实际的治理成果。这是组织通过有效治理可能实现的收益，包括道德文化、绩效标准、有效控制和合法性。

这些企业治理报告强调了治理的重要性，并强调了各国家和地区所采用的不同方法。归根结底，这是在做正确的事情和为利益相关方创造价值之间寻求平衡。

项目治理应与企业治理相关联，企业治理为项目治理提供信息和指导（Müller，2009；PMI，2016）。如果项目治理是企业治理的一个子集，那么应该适用同样的逻辑，即项目主管应该在项目中做正确的事情，同时考虑到项目利益相关方。下一节将探讨项目治理的概念及其所使用的各种定义。

10.2　项目治理的概念

尽管对项目治理现象的研究很多，但许多作者都认为，目前还没有形成一个普遍认可的定义（Bekker，2014；Brunet 和 Aubry，2016）。更糟糕的是，项目治理、项目群治理、项目管理治理以及治理方式等概念有时会交替适用或错用。Müller（2009）认为，项目治理的目标应该是以一致且可预测的方式交付所有项目。第 3 章强调，项目应与组织战略保持一致，而项目治理是确保实现这一目标的方式。PMI（2016）给出了更广泛的定义，指出项目治理是指导各种项目管理活动的框架、职能和流程。最后，项目主管应当始终尽其所能做正确的事情，直至产品或服务交付。Turner（2006）将项目治理定义为“设定项目目标、达成这些目标的手段以及监控目标达成实效的结构”。从这三个定义中不难看出，必须有一个结构用于指导各种项目活动，以确保项目的成功实施。

项目治理不应与项目群治理混淆。项目群治理处于规划或计划管理的层面，重点关注项目的选择、协调和控制（Badewi，2016）。项目群治理是指规划和计划治理。

10.2.1　项目治理与项目群治理

项目群治理关注组织对多个项目运营的掌控程度。Müller 等（2016）综述了现有文献，指出项目群治理是组织领导者在组织内部对项目群进行管理的方式。因此，项目群治理发生在更为战略性的层面，即规划和计划管理，而项目治理则更多地聚焦于操作层面，即项目管理。Bekker（2015）为项目治理的概念增加了更多的复杂性，并区分了项目治理的三个层面。其中：第一个层面专注于特定组织内部的项目治理；第二个层面关注两家或更多企业之间的治理；第三个层面倾向于将项目视为临时性组织，通过制定框架，确定适当的治理方式，以便做出各种项目决策。

10.2.2　治理方式

治理方式是指管理和指导项目所需的态度、价值观和文化，并用于实现项目价值（Badewi，2016）。治理方式也被描述为治理的方式途径（Lemke，2015）。此外，治理方式还关注项目治理的合理性，以及针对项目治理存在的各种态度（Müller，Zhai 和 Wang，2017）。重点在于组织领导和项目主管对于一般治理和项目治理所持的态度。当项目主管的治理意识较低时，项目治理不太可能在项目中得到遵循。理想的情况是项目主管展现出高度的治理意识。治理方式有三种：权威型、自由型和自由市场型（Müller 等，2016）。当项目主管遵循权威型治理方式时，他们强制执行过程合规性和僵硬的治理结构。自由型治理方式强调在明确、灵活的治理结构内控制项目成果。自由市场型确保团队成员的价值观与项目价值观相符。这种一致性促进了在治理结构内的自我控制。

10.3 项目治理与项目成功

实施项目治理及其所有相关的控制和框架是有代价的。它要么增加了复杂的审批层级，导致延误，要么可能涉及直接成本。常见问题是，遵守项目治理是否对项目本身和整个组织有益。除了组织领导和项目主管是否应该做正确的事这一首要事项之外，研究人员还发现项目治理、治理方式与项目成功之间存在积极关系。Bekker 和 Steyn（2008）认为，当存在治理结构并且组织领导遵循治理原则或治理方式时，项目成功会得到改善。Joslin 和 Müller（2016）在他们的研究中认为，项目治理实际上是项目成功的前提。因此，项目治理和项目成功之间不一定存在直接联系，但项目治理创造了一个更容易提高项目成功率的环境。重点应该放在项目本身的结果上，而不一定是控制和流程上。最终，项目治理起到了中介作用。

10.4 项目治理——作用和责任

只有所有参与项目的人员都明确自己的角色和责任，他们才会支持项目治理。PMI（2016）认为，主要的角色和责任在于治理机构、项目责任人、项目主管本身、项目管理办公室以及其他主要利益相关方。

10.4.1 治理机构

治理机构通常由直接参与项目的各部门高管组成。这些高管已经熟悉企业治理的概念。他们负责监督并确保项目与企业战略和目标保持一致。这些高管并不直接参与日常治理问题，而是为监督、控制、整合和决策提供指导。具体职责包括但不限于制定项目治理政策和流程，确保项目与企业战略和目标保持一致，并最终批准项目的关闭或终止。这些职责应与企业治理的职责和义务相一致。

10.4.2　项目责任人

项目责任人的角色是在需要时提供必要的资源。项目责任人通常是治理机构的成员，应积极支持项目治理。项目责任人的主要职责可以总结如下：

（1）责任人应确保项目战略与组织战略保持一致。

（2）责任人应持续监控和控制项目的交付成果，以确保项目成功。

（3）项目责任人还负责消除可能对项目成功产生负面影响的任何障碍。

10.4.3　项目主管

项目主管是项目治理问题与治理机构和项目责任人间的联系纽带。项目主管确保治理职能和流程得到遵守和执行。项目主管的责任不仅是监督，还包括控制。项目主管的总体职责是确保遵守各种治理原则。项目主管承担的主要职责包括：

（1）确保项目符合治理政策和流程。这意味着项目主管必须了解项目治理和企业治理，从而确保两者之间的协调一致。

（2）作为项目责任人、治理机构和项目团队之间的主要联络人。这种联络主要聚焦在与项目相关的问题。

（3）管理和控制各种项目管理活动和流程，以确保项目成功。

10.4.4　项目管理办公室

第 7 章讨论了项目管理办公室的角色。从项目治理的角度来看，项目管理办公室的作用是确保项目主管遵循项目治理标准和流程，并成功实施这些标准和流程。项目管理办公室应通过标准化治理流程来支持项目主管。这种标准化使项目主管能够在每个项目中采取正确的行动，从而改善项目环境的治理性。

项目治理是所有参与或涉及项目的人员的责任。它不仅仅是项目主管的责任，每个人都必须了解自己的特定角色和相关责任。当每个人都履行自己的角色和责任时，项目治理就会得到改善。

10.5　项目治理框架

项目成功的主要决定因素之一是有效的项目治理结构或框架。Badewi（2016）认为，有效的项目治理框架是项目成功的主要贡献者。项目治理框架被描述为一个权威的结构，包括确保项目成功的流程和规则（Brunet 和

Aubry，2016）。Too 和 Weaver（2014）设计了一个三层框架。第一层是治理系统，主要关注企业治理和合规性。第二层是管理系统，其中涉及战略、企业治理和项目治理之间的协调。第三层是项目交付系统，重点是在规划中交付正确的项目。PMI（2016）提供了更多细节，概述了项目治理框架应包括的内容。根据 PMI，项目治理框架由四个治理域组成，每个域都有特定的功能和流程，需要在项目实施期间遵守。

10.5.1 治理域

项目治理框架内存在四个治理域。第一个域侧重于协调一致。该域的重点是项目治理的内部协调一致。其理念在于，各种治理角色监督项目与整体组织战略和规划中的协调一致。第二个域侧重于风险管理，项目应根据风险暴露情况进行监控和审计。第三个域强调项目的整体绩效。该治理域使项目主管能够收集必要的绩效信息，并定期报告项目的执行情况。如果做得好，那么就不会出现项目延迟或超支的情况。最后一个域是沟通。应设计规划好何时以及如何将项目的各个元素传达给不同的利益相关方。这一治理域涵盖了项目沟通管理知识领域（PMI，2013）。

10.5.2 治理功能

在项目治理领域，某些功能需要常态化执行。PMI（2016）定义了需要执行的四大主要功能，包括监督、控制、集成和决策。项目治理监督侧重于为项目团队提供指导、方向和领导力。项目治理控制则集中在项目的日常管理上，包括对项目活动的监控、测量和报告。项目治理集成侧重于整个规划，确定如何整合各种计划和项目。项目治理决策功能则强调需要建立的各种结构和角色，以加强项目治理。

Brunet 和 Aubry（2016）在他们的研究成果中总结指出，有效的项目治理框架可以提高项目执行效率，为项目提供合法性，并为所有项目利益相关方建立问责制。

10.6 项目治理场景

图 10-1 清楚地说明了各种概念是如何联系在一起的。

项目治理和多项目治理应该清晰区分。项目治理关注项目管理，而项目群治理则关注规划和计划管理。项目治理和项目群治理的输入是治理方式。如果没有树立正确做事的观念，任何治理结构都无法发挥作用。治理方式是

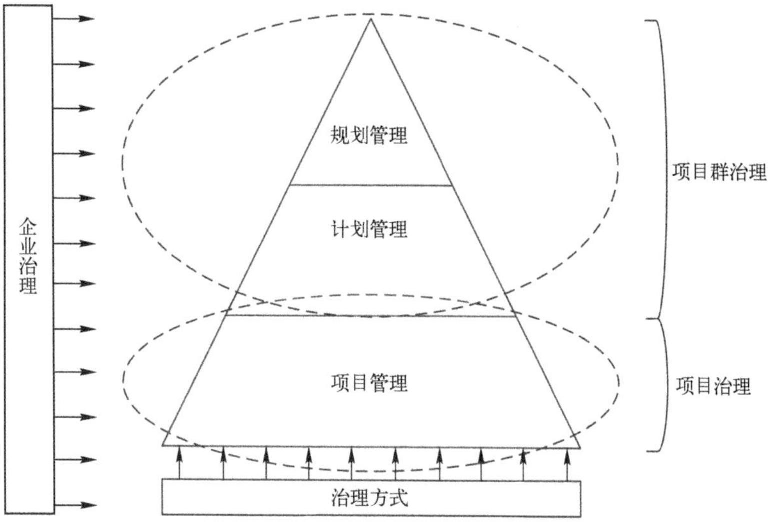

图 10-1　项目治理场景

制度化的，治理方式的水平越高，项目治理和项目群治理得到执行的机会就越大。

项目治理和项目群治理并非孤立运行。项目治理和项目群治理都由企业治理进行指导，并应在企业治理的范围内进行管理。因此，项目主管应将项目治理与项目群治理以及更广泛的企业治理概念相结合。企业治理、项目群治理以及项目治理均受组织愿景和战略的指导。

接下来将重点关注项目审计和保证。

10.7　项目审计

审计的概念基于以下原则：①关键审查要确定准确性、真实性、完整性和合规性；②系统流程；③评估关于业务行动的证据声明；④公平展示表明业绩的证据；⑤结果的合规和沟通。存在各种类型的审计，其中一种特定类型的审计就是项目审计。

根据 Reusch（2011）的观点，项目审计的目的是确定项目是否满足战略需求。项目还应根据法律、法规和企业准则进行审计。项目审计可以成为常规项目管理过程的一部分，重点是确保项目团队和项目主管已经建立了可能带来成功项目的业务和技术流程（McDonald，2002）。

10.7.1 项目审计的概念

当前，项目审计缺乏统一的定义，这与项目治理相似。PMI 本身没有为项目审计提供定义，但它确实提到了应该进行项目审计。在 PMBOK®指南中，项目保证是在项目质量管理知识领域下处理的。重点在于是否使用了适当的质量标准（PMI，2013）。PRINCE2®中为项目保证设置了审计跟踪，检查内容包括：①项目是否为组织创造价值；②产品是否满足用户需求；③是否交付了高质量的产品（OCG，2009）。

学者和机构定义的项目审计，可以概括为对项目管理的审查过程，评估项目结果和项目符合项目管理标准的程度，以确保项目成功（Hill，2007；Huemann，2004；Stanleigh，2009）。项目审计中达成共识的内容具体如下。

（1）审查：评估或审查项目的管理，并根据项目进度评估项目进展情况，有助于确定影响项目结果的因素。

（2）项目管理：项目审计根据项目进度来评估项目的管理，包括其方法以及项目结果。

（3）合规：验证项目管理，确定其是否符合各种标准，如第 6 章所述。

10.7.2 项目审计的类型

项目管理文献中强调了各种类型的项目审计。项目主管可以执行以下类型的项目审计。

（1）项目前审计：这种审计验证项目启动的准备情况，并促进从项目计划阶段过渡到项目执行阶段。目的是确定实现各种项目活动以及实施策略的可行性（Duffy 和 Thomas，1989）。

（2）项目健康审计：这种审计评估项目在项目执行阶段的绩效。目的是审查正在进行的项目执行情况，分析发现的问题，并提出改进建议（Hill，2007）。

（3）项目后审计：这种审计在项目生命周期的结束阶段之后进行，以确定项目是否可以正式结束。这种审计的目的是定义和记录经验教训，提高未来项目的绩效（Hill，2007），它还审查了实施项目的收益。

（4）技术审计：这种审计旨在评估流程或系统中的缺陷或改进领域。技术审计通常在规划阶段与项目前审计一起进行（Hill，2007）。

（5）客户满意度审计：这种审计涉及客户，重点关注客户对项目实现预期目标方面进展的看法（Hill，2007）。这种审计应在健康检查和项目后审计期间进行。

（6）项目恢复审计：这种审计与项目管理审计和项目绩效审计的内容相似，但侧重于不满意的项目绩效指标（Hill，2007）。

（7）项目资源利用审计：这种审计检查资源分配的履行情况以及为完成特定任务及时分配资源的情况。同时，它也检查项目主管在项目实施过程中分配资源的有效性，以达到项目目标。这种审计不检查资源的性能（Hill，2007）。

（8）项目团队绩效审计：这种审计涉及审查项目工作分配，并确保它们与团队成员的技术和专业能力相一致。审计项目团队的行为是一个重要方面，因为项目团队对整个项目的成功至关重要（Hill，2007）。

（9）承包商审计：这种审计构成项目采购管理知识领域的一部分，并审查项目环境中的承包商（Hill，2007）。这种审计包括承包商管理计划和合同管理审查。

（10）项目管理方法审计：这种审计检查选定的项目管理方法的使用情况，并验证其内容和有效性。这是一种超越个别项目和项目主管的审计，以获取关于整个组织内所有项目上的项目管理流程和实践应用的视角（Hill，2007）。

（11）合规审计：这种审计提供对项目遵守法规准则的全面审查。这种类型的审计由独立的会计、安全或 IT 专业人员执行，他们评估合规准备的强度和彻底性（Hill，2007）。

项目主管应与组织领导者协商，确定应进行哪种类型的项目审计。项目审计不应以惩罚项目主管和项目团队为目的，而应作为提高未来绩效的一种方式。关于项目审计的问题是，它们通常在事后进行，而此时要纠正问题或情况则为时已晚。项目主管应认识到各种审计的价值，并在项目计划中留出时间，以便在不同的时间进行这些审计。

10.7.3　项目审计框架

项目审计应该是一个持续的过程，实际上侧重于保证，而不是审计。图 10-2 展示了持续项目审计的框架。

项目审计以项目治理为指导，并应在此思路范围内进行。第一层级的审计发生在项目生命周期内。其目的是确定项目主管是否遵循了项目生命周期的流程。在项目生命周期期间，将创建各种项目交付成果。第二层级审计的目的是确定这些不同的交付成果是否符合要求、规格和质量。

第三层级审计是在项目生命周期的基础上对项目交付成果进行审计。这些审计阶段会检查项目生命周期每个阶段的项目交付成果。预审计阶段会检查项

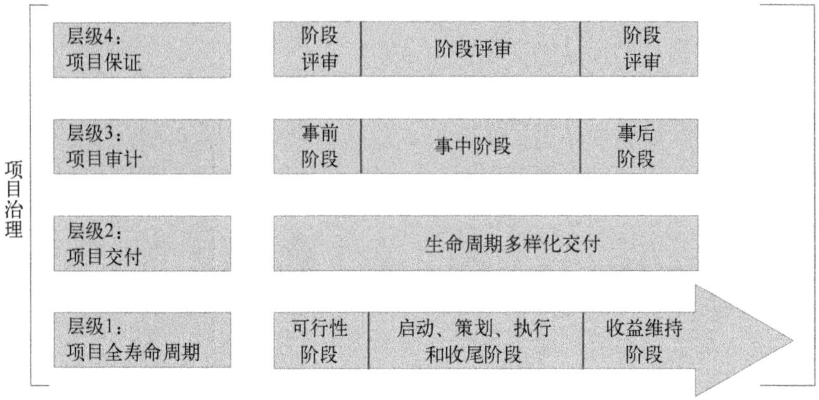

图 10-2 项目监管框架（引自 Mkoba and Marnewick，2016）

目生命周期可行性阶段的项目交付成果。基本项目交付成果包括业务案例和项目可行性研究报告。中期审计阶段会检查项目生命周期的启动、策划、执行、监控以及收尾阶段的项目交付成果。后审计阶段会检查项目生命周期收益维持阶段的项目交付成果。

第四层级审计是将这些审计的结果用于各种阶段评审，以确定项目是否仍然可行，以及项目是否应进入下一阶段。阶段评审也应用于强调下一阶段可以纠正的缺陷。目的应该是鼓励项目主管尽可能解决相关问题或矛盾，而不是终止项目。

10.8 高管在项目治理中的作用

理想情况下，企业治理和项目成功之间存在积极的关系。为了让项目群治理和项目治理融入项目管理中，高管应确保他们遵守并坚持企业治理的原则。随后，项目治理应成为组织内的一种工作方式。就项目管理而言，高管可以通过多种方式推动开展项目治理。

10.8.1 确定职责和角色

如前所述，项目管理是一个具有挑战性的概念，难以引起人们的重视。当各个利益相关方都不清楚他们在项目治理中扮演的角色和应承担的责任时，这一问题就变得更加复杂。利益相关方可能对他们的角色和责任略知一二，但确定并澄清各种项目治理角色及其相关责任是高管的职责。这样做有两个目的。首先，它可以消除误解，让每个利益相关方都清楚自己的角色和责任。其次，它有助于落实问责机制。问责机制与各种角色和责任息息相关，如果利益相关方玩忽职守，高管可以强制采取纠正措施。

10.8.2　以身作则

高管直接参与企业治理，但不涉及项目治理。项目治理是企业治理的一个子集，高管对于企业治理的行为和态度会直接影响项目主管对于项目治理的行为和态度。当高管并未严肃对待企业治理时，项目主管也不会严肃对待项目治理。在企业治理与项目治理方面，“以身作则”的说法相当贴切。当高管切实地将企业治理落到实处时，项目主管才会将项目治理落到实处。

10.8.3　治理方式的重要性

项目治理的基础是治理方式。高管应该实施各种培训和教育计划，强调治理方式作为潜在成功因素的重要性（Müller 等，2017）。这些培训和教育计划的重点是向各个项目利益相关方传授两方面内容：①项目治理角色和责任方面的知识；②实现项目治理承诺的重要性。培训和教育计划的设立增强了治理性，从而提高了项目治理对项目成功贡献的重要性。

10.8.4　培训

治理的理念固然崇高，但如果项目主管不了解各种标准、法规和报告，那么它就不会产生实际效果。培训的目的应该是让项目主管概要性了解企业治理，特别是了解项目所在环境（组织或国家）的情况。培训还应侧重于项目治理以及如何将公司治理原则纳入项目本身。知识就是力量，如果高管强调对项目治理的培训，那么将有助于项目主管掌握这种力量。

10.8.5　加强持续审计

对项目进行审计可以加强治理性，从而改善项目治理。高管在项目审计方面需要关注两个问题。首先，项目审计不是可选项，而是必选项。项目审计的类型和深度取决于项目本身以及项目的战略重要性。项目越重要，越应该强调对项目的各个方面进行审计。其次，项目审计实际上是一个持续的过程，应该在整个项目生命周期内进行。重点更侧重于项目保证，而不是项目审计。这意味着，当在图 10-2 所示的阶段评审中做出某些决定或建议时，高管应该遵守这些决定，即使这意味着必须取消一个项目。

10.9 小　结

本章主要关注项目治理和项目审计。重点对项目治理的概念进行了解读，并阐述了项目治理、项目群治理和治理方式之间的差异。在讨论项目治理框架时，强调了最重要的角色和责任。项目审计侧重于持续审计或保证的重要性。突出了各种类型的项目审计，表明项目主管应与利益相关方协商决定采取哪种类型的审计。

组织领导者应该意识到，项目并非孤立实施，而是大型组织的重要部分。正如企业治理对于引导和指导组织至关重要一样，项目治理对于引导和指导项目也至关重要。项目治理为项目必须遵守的框架和规则提供指导，而项目审计则确保项目主管和高管是否遵守了这些规则。这是本章强调的重要概念。

高管应该认识到，项目治理和审计对于项目的整体成功至关重要。当太多项目失败时，组织战略就有无法正确实施的风险。当项目失败归因于缺乏项目治理和审计时，高管应负起责任，因为他们应该是执行治理的责任人。

10.10 参考文献

Badewi, A. (2016). The Impact of Project Management (PM) and Benefits Management (BM) Practices on Project Success: Towards Developing a Project Benefits Governance Framework. International Journal of Project Management, 34(4), 761-778.

Bekker, M. C. (2014). Project Governance: "Schools of Thought." South African Journal of Economic and Management Sciences, 17(1), 22-32.

Bekker, M. C. (2015). Project Governance—The Definition and Leadership Dilemma. Procedia—Social and Behavioral Sciences, 194, 33-43.

Bekker, M. C., & Steyn, H. (2008, 27-31 July). The Impact of Project Governance Principles on Project Performance. Paper presented at the PICMET '08—2008 Portland International Conference on Management of Engineering & Technology, Cape Town, South Africa.

Brunet, M., & Aubry, M. (2016). The Three Dimensions of a Governance Framework for Major Public Projects. International Journal of Project Management, 34(3), 1596-1607.

Cadbury, A. (1992). Cadbury Report: The Financial Aspects of Corporate Governance. Retrieved from http://www.ecgi.org/codes/documents/cadbury.pdf.

Cadbury, A. (2002). Corporate Governance and Chairmanship: A Personal View. London, UK: Oxford University Press.

Clarke, T., & Branson, D. (2012). The SAGE Handbook of Corporate Governance. London, UK:

SAGE Publications Ltd.

Duffy, P. J., & Thomas, R. D. (1989). Project Performance Auditing. International Journal of Project Management, 7(2), 101-104.

Hill, G. M. (2007). The Complete Project Management Office Handbook (2 ed.). Boca Raton, FL, USA: Auerbach Publications.

Huemann, M. (2004). Management Audits of Projects and Programmes—How to Improve Project Management and Programme Management Quality. Paper presented at the III IPMA ICEC International Expert Seminar, Bilboa, Spain.

Institute of Directors Southern Africa. (2016). KingIVReporton Corporate Governance. Retrieved from https://c.ymcdn.com/sites/iodsa.site-ym.com/resource/collection/684B68A7-B768-465C-8214-E3A007F15A5A/IoDSA_King_IV_Report_-_WebVersion.pdf.

Iskander, M. R., & Chamlou, N. (2000). Corporate Governance: A Framework for Implementation (20829). Retrieved from http://documents.worldbank.org/curated/en/810311468739547854/pdf/multi-page.pdf.

Joslin, R., & Müller, R. (2016). The Relationship between Project Governance and Project Success. International Journal of Project Management, 34(4), 613-626.

Lemke, T. (2015). Foucault, Governmentality, and Critique. Rethinking Marxism, 14(3), 49-63.

Maurizio, A., Girolami, L., & Jones, P. (2007). EIA and SOA: Factors and Methods Influencing the Integration of Multiple ERP Systems (in an SAP environment) to Comply with the Sarbanes—Oxley Act. Journal of Enterprise Information Management, 20(1), 14-31.

McDonald, J. (2002). Software Project Management Audits—Update and Experience Report. Journal of Systems and Software, 64(3), 247-255.

Mkoba, E., & Marne wick, C. (2016). IT Project Success: A Conceptual Framework for IT Project Auditing Assurance. Paper presented at the Proceedings of the Annual Conference of the South African Institute of Computer Scientists and Information Technologists, Johannesburg, South Africa.

Moeller, R. R. (2008). Sarbanes—Oxley Internal Controls: Effective Auditing with AS5, CobiT and ITIL. Hoboken, NJ, USA: John Wiley & Sons, Inc.

Müller, R. (2009). Project Governance. Surrey, England: Gower Publishing Limited.

Müller, R., Zhai, L., & Wang, A. (2017). Governance and Governmentality in Projects: Profiles and Relationships with Success. International Journal of Project Management, 35(3), 378-392.

Müller, R., Zhai, L., Wang, A., & Shao, J. (2016). A Framework for Governance of Projects: Governmentality, Governance Structure and Projectification. International Journal of Project Management, 34(6), 957-969.

OECD. (2015). G20/OECD Principles of Corporate Governance. Paris, France: OECD Publishing.

Office of Government Commerce. (2009). Managing Successful Projects with PRINCE2 (5 ed.).

United Kingdom:The Stationary Office.

Project Management Institute. (2013). A Guide to the Project Management Body of Knowledge (PMBOK® Guide) (5 ed.). Newtown Square,PA,USA:Project Management Institute.

Project Management Institute. (2016). Governance of Portfolios, Programs, and Projects: A Practice Guide. Newtown,PA,USA:Project Management Institute.

Reusch,P. (2011,15-17 September). New Standards for Project Audit and the Impact on Existing Standards for Project Management. Paper presented at the Proceedings of the 6th IEEE International Conference on Intelligent Data Acquisition and Advanced Computing Systems, Prague, Czech Republic.

Stanleigh,M. (2009). Undertaking a Successful Project Audit. Retrieved from https://www.projectsmart.co.uk/undertaking-a-successful-project-audit.php.

Too,E. G., & Weaver, P. (2014). The Management of Project Management: A Conceptual Framework for Project Governance. International Journal of Project Management,32(8),1382-1394.

Turner,J. R. (2006). Towards a Theory of Project Management:The Nature of the Project Governance and Project Management. International Journal of Project Management,24(2),93-95.

第11章 执行责任人

不要问你的国家能为你做什么，应该问你能为你的国家做什么。

——约翰·肯尼迪[①]

前几章专门讨论项目管理，其目的是确定项目管理在组织中的地位，并展示项目管理为组织带来的价值。每章都以高管如何间接协助项目主管确保项目成功作为结尾。本章的重点在于组织领导者，特别是他们作为项目执行责任人的作用。与仅作为旁观者提供建议不同，执行责任人是项目的重要组成部分，直接为项目的成功做出贡献。研究发现，积极投入的执行责任人是项目成功的关键因素（PMI，2014b）。

11.1节定义了执行责任人，并区分了执行责任人和项目倡导者的概念。11.2节关注执行责任人必须具备的特质。11.3节讨论了执行责任人在治理中的作用，以及他们履行的控制和支持职能。11.4节介绍项目成功与执行责任人参与度之间的积极关系。11.5节简要探讨了执行责任人面临的挑战。11.6节重点讨论如何赋予执行责任人权力。

11.1 执行责任人的概念

执行责任人为特定项目提供资源和支持，并对项目的最终成功负责（PMI，2013）。英国项目管理协会（2006）也持此观点，但强调执行责任人还负责确定业务需求或问题。如果将此观点与第6章中讨论的项目管理联系起来，则意味着执行责任人从筹划阶段开始一直参与到实现和维持项目收益。Lechtman（2005）也认为执行责任人应该具备政治和财政权力。

必须区分执行责任人和项目倡导者这两个角色。这两个角色是彼此独立的，不能互换使用。可以将执行责任人视为项目所有者，而项目倡导者则被视为倡导项目利益的人（Crawford和Brett，2001）。因此，项目中的任何利益相

① 引自 https://www.brainyquote.com/quotes/quotes/j/johnfkenn109213.html.

关方都应该是项目倡导者，但只能有一个个体担任执行责任人。然而，执行责任人也可以是项目倡导者。Cooke-Davies（2005）认为担任执行责任人就包含了项目倡导者的角色。执行责任人的角色是正式的，而项目倡导者的角色则更多的是非正式的。

执行责任人的构成相当复杂，可以从现有文献中得出执行责任人的三大组成部分或方面。如图 11-1 所示，这三个组成部分包括：①执行责任人履行的治理角色；②执行责任人履行的控制和支持职能；③执行责任人必须拥有的特质。

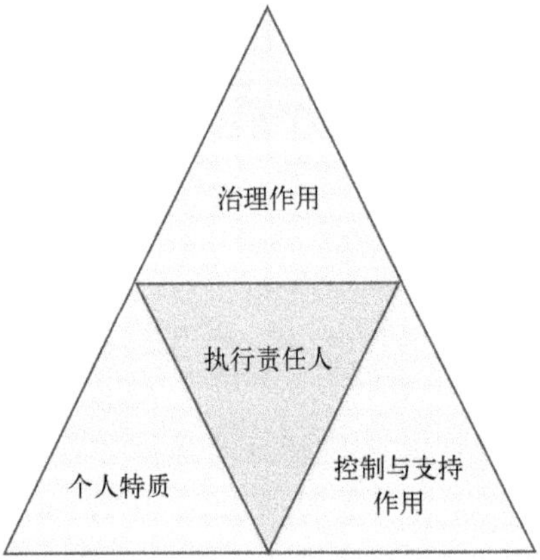

图 11-1　执行责任人

首先要研究的是执行责任人的特质。执行责任人应该表现出某些特质，以成功担任这一角色并确保项目的成功。

11.2　执行责任人的特质

执行责任人被赋予了各种特质，其中最重要的特质将在本节中讨论（Crawford 等，2009；Kloppenborg，Manolis 和 Tesch，2009）。图 11-2 概述了执行责任人应该具备的特质。

（1）适当的资历和权力：执行责任人的头衔暗示了一定的资历和相应的权力。资历为执行责任人提供了有关组织本身、同行以及组织运作环境的某些知识和智慧。只有资历而没有相应的权力，对执行责任人来说没有多大价值。资历必须与指导或影响其他高管和项目利益相关方行为的能力相关联。这种权力或影响力应被用来说服他人相信项目的价值，并消除可能对项目成功产生负

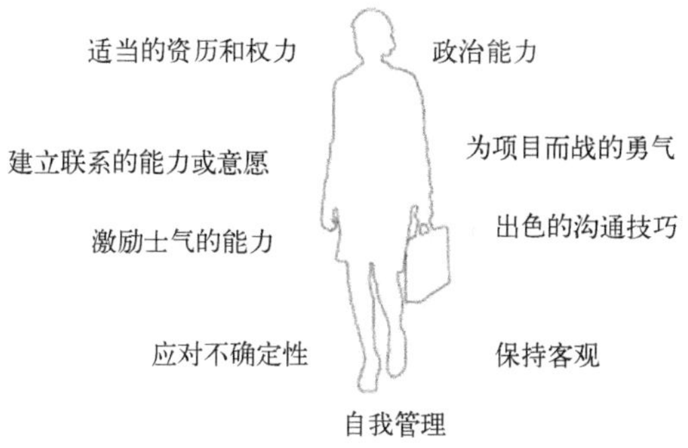

图 11-2　执行责任人的特质

面影响的某些障碍。

（2）政治能力：Schwalbe（2016）将政治能力描述为执行责任人应该具备的关于各部门、团体和个人之间竞争的能力。这种竞争围绕权力、资源和领导权展开。政治能力为执行责任人赋能，他们基于个人对权力、资源和领导权的追求，预先确定了个体的行为和反应。

（3）建立联系的能力或意愿：高管必须展现的最重要的特质之一就是建立网络的能力。如果没有一个可以支持和影响决策的网络，执行责任人将很难推动项目的议程。这种能力或意愿不一定与资历和权力有关。执行责任人应确定这是否是个人的弱点，并接受必要的指导，以加强这一特质。

（4）为项目而战的勇气：有时，组织可能被视为战场，其中每个人都在为自己的利益而战。在这个战场上，执行责任人必须为项目的利益而战。这场围绕项目的争斗不应仅是另一场战役，而应求取组织的最大利益。重点应放在实现组织的愿景和战略、实现收益和增加价值上。所有这些都应在企业和项目治理的文化背景内进行。

（5）激励士气的能力：这种能力着眼于短期和长期。激励团队的短期重点是鼓励他们通过问题和挫折继续做好工作。从长期来看，重点是让他们专注于项目的目标和他们在实现组织战略中所扮演的角色。当项目跨越数年时，这一点尤为重要。

（6）出色的沟通技巧：沟通技巧是组织领导者在个人身上最看重的品质。这对执行责任人来说尤其适用，对其而言，纵向沟通和横向沟通都至关重要。阅读、写作和仔细倾听是三种最重要的沟通技巧。沟通技巧可以被视为其他特质的基础。

（7）保持客观：执行责任人应该始终保持头脑清醒。项目主管和团队成员参与项目的管理，并不总是能看到某些决策或选择的全局。执行责任人应根据对组织和项目的最佳利益提供客观性。

(8) 应对不确定性：项目本质上包括模糊性和不确定性。执行责任人应在模糊性面前提供指导并做出决策。如果执行责任人没有处理不确定性的能力，项目可能会遇到挑战。在项目中，并非所有事情都总是清晰明了的，这一特质使执行责任人能够利用以前的经验和知识来解决模糊性。

(9) 自我管理：执行责任人的角色是兼职的。执行责任人已经担任了另一个全职官方角色。在全职角色和执行责任人的兼职角色之间管理时间的能力很重要。时间管理在自我管理中起着重要作用。Crawford 等人（2009）认为，执行责任人必须认识到其角色的重要性，这样才能实现有效的自我管理。

执行责任人的特质有助于他们以高效的方式履行这一职责。

11.3 执行责任人的作用

执行责任人的角色和职责不一而同。现有文献描述了各种各样的角色和职责，它们被分为两组：外部或内部关注（Bryde，2008；Crawford 和 Brett，2001）的治理与控制（Cooke-Davies，2005；Crawford 等，2009）。考虑到执行责任人必须履行的各种角色，明确界定这些角色，并确保执行责任人和项目主管之间在职责上不存在混淆，是至关重要的（Bryde，2008）。

11.3.1 治理作用

如第 10 章所述，治理作用主要集中在为做正确的事提供指导。执行责任人所发挥的治理作用包括以下几个方面。

(1) 作为业务方案的所有者：业务方案是一种正式文件，说明了项目投资的合理性和正当性，其目的在于获取管理层的承诺和授权以推动项目发展（Marnewick，2014；Ward 和 Daniel，2012）。项目生命周期中，业务方案会经过审查并持续进行可行性测试。执行责任人是业务方案的所有者，因此他们需要提供所有投资的合理性和承诺。

(2) 提供项目目标：作为业务方案的所有者，执行责任人也负责提供项目目标。这些项目目标与各种组织战略保持一致。执行责任人通常需要对实现组织战略负责，因此他们最适合负责：①提供项目目标；②确保项目目标的实现。

(3) 实现收益：业务方案承诺给整个组织带来收益，因此执行责任人是实现和维持任何收益的直接受益者。因此，执行责任人应参与第 8 章所述的收益实现管理流程。

（4）担任项目的主要管理者：第 10 章解释了项目治理的重要性及其中涉及的各种角色。执行责任人是对项目治理具有积极影响的重要参与者。更多信息请参考 10.4.2 节。

（5）成为项目主管的“贵人”：执行责任人应该能够建立联系。据 Cooke-Davies（2005）所述，执行责任人是“帮助管理高级利益相关方的理想位置。”这意味着执行责任人应利用自己的影响力和人脉，为项目和实现收益服务。

（6）从政治上支持项目：项目需要各种资源，并有时会遇到来自其他项目主管、执行责任人和组织领导者的阻力。这种阻力只能由项目自己的执行责任人处理，这意味着项目也必须得到政治上的支持。这种政治支持意味着执行责任人必须为项目发声，反对来自其他组织领导者和高管的反对，并说服他们项目对整个组织的重要性。

（7）确定项目的范围：作为业务案例的所有者，执行责任人清楚项目团队需要交付什么，以确保收益的实现。因此，执行责任人直接参与确定项目的范围，任何范围的偏离都必须得到执行责任人的授权，因为偏离意味着收益减少。

除了治理角色外，执行责任人还具有控制和支持作用。

11.3.2　控制和支持作用

治理作用的重点在于确保做正确的事。控制和支持作用的重点在于正确做事。在此项职能中，执行责任人履行以下职责。

（1）提供领导：领导对于利益相关方来说意味着许多事情，但领导的重要一面是，执行责任人应引导项目主管和团队朝着正确的方向前进，即与战略和项目目标挂钩。当项目主管偏离这一路线时，执行责任人应提供指导，并引导团队回到正确的方向。

（2）保持参与：保持参与是支持性作用，而非控制性作用。执行责任人应参与到项目主管的工作中。保持参与意味着执行责任人对项目有承诺，如果执行责任人在项目计划时间和非计划时间都可参与进来，将给项目团队和利益相关方带来积极的感受。参与也能确保问题的快速解决和决策的及时制定。

（3）提供预算分配：项目的预算由执行责任人负责。实施项目所需的资源包含在业务规划中。一个特定的资源是资金，将为项目分配预算。项目主管负责在预算内管理项目，但执行责任人负责筹集资金，并向项目分配资金。

（4）为项目做出重大决策：项目主管不一定了解项目如何为组织战略做

出贡献的全貌。影响收益实现和组织战略实施的重大决策应由执行责任人做出。原因是执行责任人是项目成果和所实现收益的最终所有者。因此，执行责任人负责做出重大决策是有道理的。

（5）为项目寻找资源：资源是一种稀缺商品，尤其是谈到人力资源的时候。项目资源管理是 PMBOK®指南中的一个知识领域，项目主管负责资源管理。当没有资源可以管理时，问题就出现了。这就是执行责任人所具备的组织内部或外部必要技能在资源方面发挥重要作用的地方。执行责任人利用自己的资历和各种网络来获取必要的资源。

（6）批准项目规划：收益的实现和组织战略的实施与项目成果交付的时间直接相关。项目主管制定项目规划，但执行责任人最终基于收益应实现的时间来批准规划。批准应基于现实和可实现的项目规划，执行责任人不得利用其权力迫使项目主管制定不切实际的时间表。

（7）确认项目主管或团队做出的决策：此职能与可用性职能相关，其中项目主管和团队利用执行责任人来确认决策。如果执行责任人缺位，则无法确认决策。此职能的目的是以项目成功为目标来确认决策。

显然，执行责任人的角色复杂，需要日常参与。执行责任人必须有亲力亲为的态度，不能置身事外。执行责任人的持续参与有助于项目的成功。

11.4 项目成功与执行责任人

项目成功的程度与执行责任人的参与程度之间存在正相关关系（Kloppenborg 等，2009 年）。各项研究都强调，高管的支持有助于项目的成功（Bryde，2008；Marnewick，2013）。然而，鲜有研究真正强调执行责任人必须做什么以提高项目的成功率。除了履行之前规定的角色和职能外，Labuschagne 和 Lechtman（2006）还确定了执行责任人应该遵循的控制目标以实现项目成功。许多控制目标与之前描述的角色和职能紧密相关，如下所示。

这些控制目标可总结为：首先，执行责任人应了解担任执行责任人的含义、角色所涵盖的内容，并尽最大能力去履行这一角色。其次，执行责任人应留出时间专职担任此角色。这与对项目主管和团队的可用性角色紧密相关。在项目启动和收益实现阶段，执行责任人的参与将非常密集，但在执行阶段，参与将较少。执行责任人还必须了解项目的最新状态。这意味着执行责任人与项目主管之间必须保持持续沟通。执行责任人的一个角色是做出重大决策并确定项目的方向。确定和设置项目方向有助于项目的成功。项目主管通常需要具有超出其管理团队所能提供的资源和技能。如果项目主管无法从组织内部获取资源和技能，那么可能会要求执行责任人协助其获取。在项目主管正式接手之前，项目必须妥善关闭。关闭也应用于确定项目的成功。可以使用第 6 章中讨论的项目成功标准来确定项目在关闭时的成功程度。执行责任人应持续评估项目。这应贯穿于整个项目生命周期。评估的目的是确定项目的可行性，以及执行项目是否仍具有价值。这与 10.7.3 节讨论的项目审计和保证紧密相关。执行责任人对业务规划负责，如果项目失败，执行责任人将对任何损失承担个人责任。同样的逻辑也适用于执行责任人对收益实现的职责。业务规划和收益实现相辅相成，执行责任人承诺项目成功会实现某些利益。执行责任人被视为指导委员会的负责人，因此有权任命指导委员会成员。执行责任人在指导委员会上代表项目，应关注所有利益相关方的利益。他或她还必须确保所有利益相关方的利益与项目目标一致。执行责任人对可能出现的业务风险和问题特别感兴趣，这些问题可能是由于项目未能根据业务规划交付所导致的。因此，执行责任人应确保项目已采取适当的风险管理流程。

执行责任人的角色并非总是一帆风顺的。执行责任人会面临一些挑战，这些挑战可能对项目成功产生负面影响。

11.5 执行责任人面临的挑战

执行责任人在日常工作中面临着三大挑战：过度干预、沟通效率低下和专业发展不足（PMI，2014b）。

（1）过度干预：执行责任人所面临的第一个挑战是过度干预。这意味着除了履行日常职责外，执行责任人还必须履行执行责任人的职责。当执行责任人过多地参与项目时，他或她就变得过于干预。结果是，无论是日常功能角色还是执行责任人角色，都无法给予足够的关注。PMI 进行的研究表明，执行责任人大部分时间都处于过度干预的状态（PMI，2014b）。

（2）沟通效率低下：对于执行责任人来说，拥有出色的沟通技能至关重要。然而，执行责任人可能会表现出色的沟通技能，但如果这些技能在项目环境中应用不当，那么他或她可能无法充分履行这一角色。当执行责任人与所有利益相关方进行有效沟通时，他或她的执行责任人角色才能发挥最佳作用。此外，与项目团队相比，执行责任人与项目主管和其他高管进行有效沟通更为重要。

（3）专业发展不足：研究表明，执行责任人并不一定了解他们需要履行的职责，而是偶然担任了这一角色。执行责任人必须了解规划、计划和项目管理（Crawford 和 Brett，2001）。具备这些知识的执行责任人往往能够获得更好的项目成果（PMI，2014a）。除了具备规划、计划和项目知识外，还需要额外的技能和培训以及经验。这些可以通过外部和内部培训以及经验丰富的执行责任人的指导来获得。至关重要的是，执行责任人需要接受有关该角色的培训。

克服这三大挑战，将使执行责任人更加有效和高效，从而使更多的项目获得积极成果。下一节将重点讨论组织领导者在授权执行责任人方面的作用。

11.6 授权执行责任人

通常多数实例中，组织领导者将担任大型规划中多数项目的执行责任人角色。上述挑战突出表明，并非一切都是一帆风顺的，需要做出协调一致的努力，以确保成功履行执行责任人的职能。

11.6.1 识别和界定执行责任人的角色

执行责任人的角色并非偶然产生。组织领导者实施项目的事实，意味着会有执行责任人的存在。在赋予执行责任人权力的过程中，第一步就是认识和了解这一角色及其在实现组织战略中的重要性。这一角色并非组织层级中的正式职位，但却是需要被认可的角色。比较理想的情况是，该角色成为项目管理办公室的一部分。项目管理办公室还应根据该角色的治理和控制作用来定义执行责任人的角色。定义执行责任人的角色会立即使其正规化并赋予其权力。这反过来又为这一角色提供了结构和责任。最终，执行责任人对他们承担的项目负责；他们要么为成功欢呼，要么为失败哭泣。

11.6.2 为执行责任人提供指导和培训

执行责任人面临的挑战之一是缺乏项目管理知识（PMI，2014b）。为了弥补这一缺陷，需要指导和培训，这主要取决于两个方面。培训的第一个方面应该是规划、计划和项目管理。应该让执行责任人对这些角色进行广泛的理解，让他们了解这些角色所涉及的内容，以及规划、计划和项目的一般管理方式。培训的第二个方面应该讨论执行责任人的角色以及该角色的职责。培训应侧重于该角色的特质，以及该角色的治理和控制作用。

11.6.3 接受角色

仅理解执行责任人的角色是不够的。执行责任人还应接受这一角色。通过接受这一角色，执行责任人承诺他或她接受了与之相关的责任和义务。项目管理办公室应该正式确定和促进执行责任人角色的接受。当一个人负责一个项目时，就意味着接受了这个角色，但这是不够的。如果这一角色没有正式接受，那么执行责任人就更容易忽视这个角色固有的责任。因此，这种隐含的接受并没有与正式的责任相联系。因此，这一角色必须被正式接受，因为这可以创建一个正式的结构。

11.6.4　执行责任人的变更

项目执行责任人可能会发生变更。这种变更可能归因于各种原因，包括执行责任人的辞职。不管原因是什么，执行责任人的变更都会对项目构成挑战。新的执行责任人可能对项目没有同样的奉献精神，因为他或她并不是从一开始就支持该项目的人，可能对项目的感觉与原来的执行责任人不同。新的执行责任人必须真正努力去了解项目实施背后的理由，以及项目交付物对整个组织的贡献和益处。组织领导者应该预料到执行责任人可能会变更，并准备好应急预案，考虑和解决潜在困难（Crawford 和 Brett，2001）。

11.7　小　　结

本章探讨了组织领导者在项目中作为执行责任人时所发挥的作用。执行责任人的角色定义侧重于执行责任人的特点以及执行责任人必须日常履行的治理和控制功能。执行责任人的各种角色和责任表明，履行这一职责可能相当艰巨和具有挑战性。项目成功与执行责任人参与之间建立了积极关系，控制目标可以用来确定执行责任人是否勤勉地履行了这一角色所固有的职责。

执行责任人在规划、计划和项目管理环境中扮演着重要角色。这不是一个可以草草任命的职位。相反，应该努力思考谁来履行这一职责。这个人对项目成功和最终实现收益的贡献不应被低估。这个人在更大的图景中扮演着至关重要的角色，如果没有一个有效和高效的执行责任人，该项目将面临严峻的挑战。很显然，执行责任人必须认真对待这个职位，并在承担责任之前认真考虑。

执行责任人的重点应该是对整个项目可以做什么，从而确保项目的成功。以项目最佳利益为重点，将有益于执行责任人、项目主管、项目团队和整个组织。

11.8　参 考 文 献

Association for Project Management. (2006). APM Body of Knowledge (5 ed.). Buckinghamshire,UK:Association for Project Management.

Bryde,D. (2008). Perceptions of the Impact of Project Sponsorship Practices on Project Success. International Journal of Project Management,26(8),800-809.

Cooke-Davies,T. J. (2005). The Executive Sponsor—The Hinge Upon Which Organisational Project Management Maturity Turns. Paper presented at the PMI Global Congress,Edinburgh,Scotland.

Crawford, L. , Cooke - Davies, T. J. , Hobbs, B. , Labuschagne, L. , Remington, K. , & Chen, P. (2009). Situational Sponsorship of Projects and Programs: An Empirical Review. Newtown Square,PA,USA:Project Management Institute.

Crawford,L. H. ,& Brett,C. (2001). Exploring the Role of the Project Sponsor. Retrieved from http://citeseerx. ist. psu. edu/viewdoc/download?doi=10. 1. 1. 555. 6028&rep=rep1&type=pdf.

Kloppenborg,T. J. ,Manolis,C. ,& Tesch,D. (2009). Successful Project Sponsor Behaviors during Project Initiation:An Empirical Investigation. Journal of Managerial Issues,21(1), 140-159.

Labuschagne,L. ,&Lechtman,E. (2006). Sponsoring Projects from a Project Governance Perspective. Paper presented at the Proceedings of the 2006 PMSA International Conference,Johannesburg,South Africa.

Lechtman,E. (2005). A Holistic Framework for Successfully Sponsoring IT Projects from an IT Governance Perspective. (M. Com. Dissertation), Rand Afrikaans University, Johannesburg, South Africa. Retrieved from http://hdl. handle. net/10210/282.

Marnewick,C. (2014). The Business Case:The Missing Link between Information Technology Benefits and Organisational Strategies. Acta Commercii,14(1),1-11.

Marnewick,C. (Ed.) (2013). Prosperus Report—The African Edition. Johannesburg,ZA:Project Management South Africa.

Project Management Institute. (2013). A Guide to the Project Management Body of Knowledge (PMBOK® Guide) (5 ed.). Newtown Square,PA,USA:Project Management Institute.

Project Management Institute. (2014a,November). Engaging Sponsors. PM Network,28, 18-20.

Project Management Institute. (2014b). Executive Sponsor Engagement —Top Dirver of Project and Program Success. Retrieved from http://www. pmi. org/-/media/pmi/documents/public/pdf/learning/thought-leadership/pulse/executive-sponsor-engagement. pdf.

Project Management Institute. (2017). A Guide to the Project Management Body of Knowledge (PMBOK® Guide) (6 ed.). Newtown Square,PA,USA:Project Management Institute.

Schwalbe,K. (2016). Information Technology Project Management (8 ed.). Boston,MA,USA: Cengage Learning.

Ward,J. ,& Daniel,E. (2012). Benefits Management:How to Increase the Business Value of Your IT Projects (2 ed.). Chichester,UK:John Wiley & Sons.

第 12 章　项目管理综述

所谓开始多是终结，所谓终结恰是开始。终点即起点。

——托马斯·艾略特①

本章的目的并不是对前几章进行总结，而是为项目管理提供全面的总结，并阐述组织领导者如何从项目管理中获得价值。全面总结让人意识到项目管理本身很复杂，而各种概念在创造价值的过程中发挥着积极的作用。本章之所以做这项工作，是因为前几章涉及的各种概念是孤立地讨论的，且对其他概念的引用有限。一旦将各种概念整合到一起，人们就会开始理解项目管理的复杂性，以及项目管理对整个组织的影响。

前几章讨论的各种概念并不一定会像乐高积木那样很容易地组合在一起。本章提供了一个解决方案，将这些概念根据逻辑组合在一起。这种逻辑组合可能并不总是适用于所有组织，但它为各种概念之间提供了合理的联系。也有可能某些概念并不适用于所有组织。一些较小的组织可能看不到计划制定和计划管理的目的。在这些情况下，他们可以从全貌图中去除这些概念。

12.1　规划、计划和项目管理综合框架

图 12-1 展示了综合框架。显然，项目管理这一概念不能孤立存在。项目管理，即项目的管理，受到其他概念的影响，同时也会影响这些概念。所有不同的概念之间存在一种共生关系，当一个概念出现问题时，可能会对其他概念产生负面影响。

---

① 引自 https://www.brainyquote.com/quotes/quotes/t/tseliot101421.html.

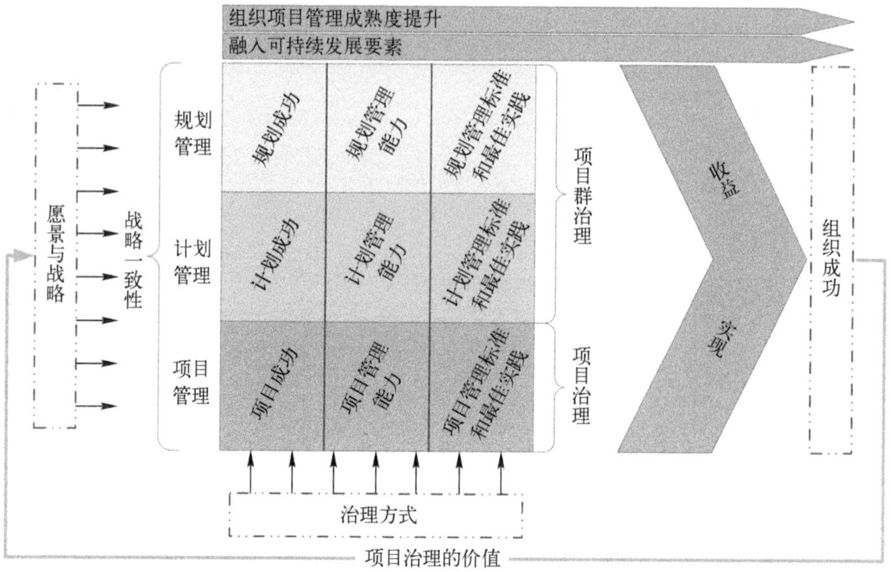

图 12-1　规划、计划和项目管理综合框架

12.2　共 生 关 系

组织的愿景和战略为这一框架中的所有其他概念注入生命力。愿景和战略就像船的舵，为规划、计划和项目提供方向。如 3.8.1 节所述，高管和组织领导者应确保不断传达愿景和战略。规划、计划和项目应与组织愿景和战略保持战略一致性。项目远景框架可以帮助组织领导者从愿景和战略中推导出可能的计划和项目。

船舵为船只提供方向，船帆则为船只提供额外的操控手段。操控意味着船只可以在不同的速度下朝不同的方向航行。规划、计划和项目管理也是如此。规划、计划和项目被视为实施战略并最终实现愿景的手段。规划管理为实施计划和项目提供了最佳方式。随着规划需求的变化，计划和项目也可以随之改变。这一切都取决于愿景和战略。当战略发生变化时，规划需要进行调整，这对规划内的计划和项目产生影响。

组织领导者必须熟练掌握规划、计划和项目管理的各种通用概念。这些概念包括但不限于成功、能力和标准。

（1）成功：规划、计划和项目的成功标准和衡量方式各不相同。组织领导者必须了解以下几点：①他们自己在确保三个层面成功方面应发挥的作用；

②如何预先设定成功；③如何以公正的方式准确衡量成功。这意味着组织领导者应能够在战略和业务操作层面确定成功。

（2）能力：管理规划、计划和项目需要不同的能力。称职的项目主管并不意味着称职的计划主管。这三个层面需要不同的技能组合，组织领导者必须确保为规划、计划和项目主管提供正确的教育和培训。错误选用具有错误能力的人对组织来说可能会造成灾难性后果。

（3）标准与最佳实践：第三个概念侧重于标准和最佳实践。标准和最佳实践为如何管理规划、计划和项目提供了基础。再次以船为例，有一些固定的方式来打结和使用工具。这对所有船只都是通用的，每个船员都知道这一点。规划、计划和项目管理也是如此。当标准和最佳实践得到落实时，每个人就知道需要做什么，以及由谁来做。

在规划、计划和项目管理中需要考虑的一个基本内容是治理。第 10 章详细讨论了治理的概念。当形成正确的感知、态度、价值观和文化时，做正确的事就会成为第二天性。参与规划、计划和项目的人员将自然而然地知道并理解需要做什么，以及如何正确地履行其职责和义务。

尽管治理方式本身不是解决问题的关键，但确实需要建立治理结构。第一个概念是项目治理。它在规划和计划层面发挥作用，重点是确保通过最优规划来实施愿景和战略。项目治理确保项目在项目管理办公室制定的指导和结构内实施。如果没有纳入治理的概念，规划、计划和项目管理综合框架就无法正常运作。组织领导者应按照 10.8 节的规定，通过积极参与来促进治理。

成功管理规划、计划和项目最终将实现收益，这是实施项目的最终目标。在项目初期阶段就设定了收益。收益就像指南针，任何偏差都应通过调整规划、计划和项目来解决。管理收益并最终将收益交付给组织是确保组织成功的关键。

这一点非常明显。尽管愿景和战略可能制定得很好，但如果规划、计划和项目管理和收益实现没有到位，那么所有的工作都将是徒劳的。这意味着船只将绕圈而无法到达最终目的地。或者更糟糕的是，船只可能会在途中沉没。

另外两个需要考虑的内容是项目管理的可持续性和成熟度。可持续性应该是规划、计划和项目管理综合框架的一部分，而不仅仅是附加品。最终目标是组织领导者确保将可持续性原则纳入整体规划。与治理一样，可持续性应成为组织内部的一种文化，扎根于项目的日常管理之中。

组织领导者追求的一个目标是卓越。这也适用于规划、计划和项目环境，其中卓越可以与项目管理成熟度相关联。当组织领导者为规划、计划和项目主管提供所有辅助手段以实现成熟度时，就会实现项目管理成熟度。

当框架的所有概念都得到落实并表现良好时，就可以通过项目管理实现价值，从而形成闭环。于是提出问题，为什么组织领导者应该支持项目管理，答案在于所创造的价值。当项目确保组织成功时，就会创造项目管理价值。

12.3 首席项目官

组织领导者应该认真考虑设立首席项目官（CPO）这一职位。该职位可以监督整个规划、计划和项目管理综合框架。首席项目官将成为高管的一员，并报告通过实施规划、计划和项目实现战略目标的进度。首席项目官的角色将在责任和战略执行之间波动。

首席项目官最终将对整个价值链负责，如图 12-1 所示。这意味着作为价值链的守护者，首席项目官要对规划以及计划和项目的选择与实施负责。这种责任将停止关于谁最终负责实现收益的争论。首席项目官还将负责提高组织的项目管理成熟度。

虽然高管中的每个人都对战略实施负责，但首席项目官可以在此方面发挥领导作用。由于项目被视为实施战略的工具，因此首席项目官可以成为所有者，并经常报告有关实现组织战略和愿景的进展情况。

最后，首席项目官将成为所有与项目管理相关的问题、关注和胜利的一站式人员。

12.4 小　　结

本书探索了项目管理为何重要，以及为什么组织领导者应该着手并支持项目管理。从该框架可以看出，项目管理本身很复杂，当它被置于组织的背景下时，这种复杂性甚至会增加。

很明显，当组织领导者想要实现组织的愿景和战略时，唯一的途径就是项目管理。项目管理本身并不能孤立地看待，而需要将其与规划管理和项目本身的内部运作联系起来。组织领导者需要意识到这种复杂性，而规划、计划和项目管理综合框架试图简化这种复杂的整合。认识到项目管理的复杂性，可以使组织领导者做出正确的决策和选择。

这个框架还使组织领导者意识到项目管理中各种个体的概念，需要采取整体的方法来管理项目，从项目中获取收益，并确保组织的成功。

最后一点建议是熟能生巧。当组织领导者对项目管理及其所有含义都熟悉时，他们就不会再有“我不懂，我很紧张，我失控了”的感觉。这种舒适感使他们能够将项目管理作为组织成功的途径。

缩 略 语

APMBOK	APM 知识体系
BDN	收益依赖网络
BRM	收益实现管理
BRP	收益实现计划
CPO	首席项目官
CSR	企业社会责任
GAPPS	全球项目绩效标准联盟
GRI	全球报告倡议
HSE	健康、安全和环境
ICB®	国际能力基准
ICT	信息和通信技术
ISO®	国际标准化组织
IT	信息技术
ODE	牛津英语词典
OPM3®	组织项目管理成熟度模型
P3	规划、计划和项目
PfM	规划管理
PgM	计划管理
PM	项目管理
PMCDF	项目管理能力发展框架
PMI®	项目管理协会
PMO	项目管理办公室
SD	可持续发展
SIN	可持续性影响网络
V2P	项目远景框架
PMMM	项目管理成熟度模型
PRINCE2®	受控环境下的项目管理
WBS	工作分解结构